先生の「これ、どうする!?」を深掘りする

―教諭、養護教諭、栄養教諭のためのケースメソッド132―

赤井 悟

三学出版

まえがき

　本書は、日々学校で児童生徒の教育に奮闘されている先生方、教職をめざし勉強されている学生のみなさまに、学校で生起するさまざまな課題への判断力、対応力を磨いていただくために書きました。

　学校では、毎日多数のケースが生起し、そこにはさまざまな課題が含まれています。しかもそれらは時間に乗って流れていますので、教員はこの課題に気づき、対応しなければなりません。本書「これ、どうする！？」を手に取ったあなたは、すでにいくつかの課題を感じています。これを、図1に示します。

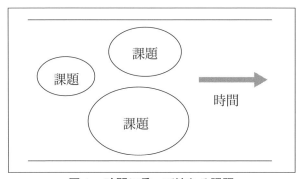

図1　時間に乗って流れる課題

　教員がケースの課題に対応するためには、教育に関するさまざまな知識やスキルが必要です。しかも学校教育は、法規的な枠組みや長年の伝統や経験から作られた枠組みの中で行われます。また、ケースに対応する教員の行動は、時間的要素（機を逸することなく、少し時間をおいて、この順番で、など）や当該教員の立場（初任者である、学級担任である、養護教諭である、など）により異なります。そのため、課題への対応は、知識とスキル、枠組み、時間的要素、立場が巧みに調整されたものでなければなりません。本書では、この調整された対応を最適解とよびます。

　学校のような実務の場で、実務の実行や課題解決を支える知識を実践知といいます。また楠見（2012）は「実践知－エキスパートの知性－　有斐閣」の

中で、実践知は、暗黙知と形式知の円環から成り立っていると述べています。暗黙知とは実務の経験から獲得される知識、形式知とは書籍や講義から獲得される知識です。ただ、実務経験を経れば必ず暗黙知が獲得され、書籍を読めば必ず形式知が獲得されるかというと、事はそれほど単純ではなく、そこには本人の問題意識と省察の姿勢が必要となります。実践知、暗黙知、形式知の関係を、図2に示します。

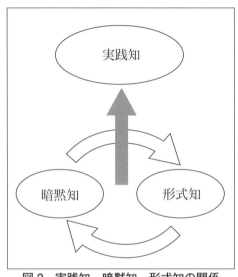

図2　実践知、暗黙知、形式知の関係

　ケースメソッドとは、実務の場で生起したケースを用いて、受講者に実務能力を育成する教育方法です。その意味では、上述の暗黙知獲得に寄った教育方法といえると思います。ケースは一回性であり、予期なく現れるものも多く、そもそも何が課題なのか混沌としているもの、課題に気づいたとしても最適解に結びつく情報がほとんどないものもあります。しかし、課題への対応を間違えると、児童生徒の安全が脅かされるもの、課題が収束せずさらに大きな課題となって降りかかってくるものも少なくありません。ケースに対応する教員は、短時間で課題を分析し、必要な情報を収集し、あるいは推察により補い、最適解を決定することになります。

ケースメソッドによる授業や研修は、通常次のような流れで行います。

（1）受講者へのケースの提示

　　事前に受講者にケースを提示します。ケースには、当事者（受講者）の立場、関係する人の属性、ケース生起の状況が示されています。本書では、このケースを200字から400字のショートケースとして記述しました。

（2）ケースに対する最適解の構築

　　全受講者は、ケースを読み、課題に気づき、課題を解釈します。不明な点や関連事項を徹底的に調べ、根拠をもって判断し、現在の自分の立場や能力を加味して、ケースに対する対応や考えを決定します。これが最適解の構築です。

（3）発表者（受講者代表）が最適解を発表

　　発表者が、全受講者に自分の最適解を発表します。課題を解釈するための知識、最適解までの判断の積み重ねやその根拠を述べ、その正当性を主張します。

（4）受講者全員での討議

　　最初に、発表者が他の受講者からの質問や反論を受けます。発表者の最適解が揺さぶられることもあります。この過程で発表者と受講者は、ケースに含まれる課題とその周辺の知識、課題に対峙する際のさまざまな視点を知ります。

（5）ファシリテーター（講師、司会者）を加えての考察

　　ファシリテーターが中心となり、討議の内容を振り返り、補足説明を行います。ファシリテーターは「これ、どうする！？」の助言者役です。ここで、受講者全員が課題に対する学びをさらに深めることになります。

　　本書は、書籍であることから、「ケース」「解説」「基本認識・対応の原則・関連知識」「引用文献・参考文献」という形で記述していますが、授業や研修で用いる場合は「ケース」のみを抜き出し、上述の流れを作るようにしてくだ

さい。「解説」では、固有のケースについてのみでなく、ケース周辺の知識や情報にも触れるようにしました。上述（5）の参考にしていただければ幸いです。

　実際にケースメソッドによる授業を行いますと、受講者は個々の課題への対応を学ぶ以上に、未知の課題を発見しようとする姿勢や難しい課題にも怯まず向かい合おうとする態度を学ぶようです。この学びは、暗黙知獲得そのものであると考えます。

　本書に掲載したケースは、複数の熟達者教職員の経験を成形（個々の状況や個人が特定されないように加工）したものです。すべてのケースで、ある人との関わりの中で課題が生起しています。この人を、当該教員とどのような関係にあるかから、児童生徒、保護者、同僚上司、関係機関の4つの属性に分類しました。また、それぞれのケースは、ある固有の状況下で生起した具体ですので、概論書籍のような体系を形成していません。本書ではこれを、当該教員がケースに対峙したときの心性という点から、危機系、葛藤系、省察系、混迷系の4つに分類しました。危機系とは「これはたいへんだ。どうすれば打開できるのか。」という心性、葛藤系とは「どちらの考えや判断がいいのか。その是非は何か。」という心性、省察系とは「何かがおかしい。それを明確にしなければ。」という心性、混迷系とは「どうなっているのか。自分は何から手をつければいいのか。」という心性です。職種ごとのケースをこれらの分類に従い集計し、表1、表2、表3に掲載します。これらの集計には、ケース提供者の経験や記憶がバイアスとして存在しますが、一方で教諭、養護教諭、栄養教諭を取り巻く環境や実務の様相を如実に反映しれていることも確かです。読者のみなさまが教員の職務を考えるときの参考になれば幸いです。

赤井　悟

表1　教諭編ケースの分類

	危機系	葛藤系	省察系	混迷系
児童生徒	8	2	12	7
保 護 者			4	8
同僚上司	1	4	14	3
関係機関		1	1	1

表2　養護教諭編ケースの分類

	危機系	葛藤系	省察系	混迷系
児童生徒	13		7	6
保 護 者	1		3	4
同僚上司		1	7	1
関係機関				1

表3　栄養教諭編ケースの分類

	危機系	葛藤系	省察系	混迷系
児童生徒	6		3	
保 護 者				
同僚上司	1		7	
関係機関	2		1	2

目　次

第2章　養護教諭編

第3章　栄養教諭編

第 1 章

教 諭 編

危険行為をやめさせようと身体をつかんだところ、転倒して唇を切った

ケース

あなたは中学校２年生を担任しています。ある日の昼休み、中庭で荷物運搬用の台車をスケートボード代わりにして遊んでいる３年生男子生徒５人を見つけました。「やめろ！」と大声で言いましたがやめません。そのため、台車に乗っていたＮの身体をつかんだところ、Ｎは転倒して唇を切ってしまいました。他の４人は「体罰や〜。」とはやし立てています。

解説

生徒指導提要には、中学校の安全教育として、「他者の安全に配慮することはもちろん、自他の安全に対する自己責任感の育成も必要です」とある。「荷物運搬用台車をスケートボード代わりに遊んでいる」ことは危険行為であり、この危険行為をやめさせるのは、それを見つけた教員の責務である。社会で許されない行為は、学校でも許されない。

ケースでは、その結果Ｎが転倒して唇を切った。学校教育法第11条（児童、生徒等の懲戒）には「校長及び教員は、教育上必要があると認めるときは、監督庁の定めるところにより、学生、生徒及び児童に懲戒を加えることができる。但し、体罰を加えることはできない」と規定されている。体罰とは、殴る、蹴るなどの有形力（目に見える物理的な力）の行使であるが、有形力の行使によって行われた行為すべてが体罰に当たるわけではない。危険を回避するためにやむを得ず行った有形力行使は、体罰に該当しない。よって、ケースの場合、体罰には該当しない。ただし、Ｎは唇を切るという怪我をしているので、

保健室で応急手当てをする。また、「体罰や〜」とはやし立てている4人には関わる必要はない。

この後すぐにNの学級担任、生徒指導主事に連絡し、この顛末を説明する。またNの保護者には、Nの学級担任一緒に家庭訪問し、状況を説明する。Nが帰宅する前がよい。Nは帰宅後、今日のできごとを保護者に話すであろうが、その後の家庭訪問では、保護者への言い訳になるからである。

基本認識・対応の原則・関連知識

- 危険行為をやめさせるのは、それを見つけた教員の責務である。
- 危険を回避するためにやむを得ず行った有形力行使は、体罰に該当しない。
- Nの保護者には、Nの帰宅前に、Nの学級担任と一緒に家庭訪問し、状況を説明する。

引用文献・参考文献

- 学校教育法第11条（児童、生徒等の懲戒）
- 文部科学省　平成22年(2010)　生徒指導提要　第6章生徒指導の進め方　pp.148-151

ケース No.
002

児童の不適切な発言が聞こえた

　あなたは小学校4年生を担任しています。あなたの学級の男子児童Kには6年生の兄がいて、同じ学校の特別支援学級（たけのこ学級と呼ばれている）に在籍しています。ある日の給食準備のとき、給食当番の整列にKが数分遅れました。それに対して、同じく給食当番の女子児童Sが「遅いな〜。あんたもたけのこへ行ったら。」と言うのが聞こえました。

解説

　多くの小学校、中学校には、特別支援学級が設置されている。ここに在籍する児童生徒は、特別支援学級で一定の授業を受けるが、その他の授業は通常の学級で受けることが多い。たとえば、特別支援学級で国社算理の授業を受け、その他の授業を通常の学級で、という具合である。そのため、通常の学級の児童生徒は、特別支援学級に在籍する児童生徒も学級の一員として捉えている。特別支援学級は、「なかよし学級」「たけのこ学級」「めだか学級」などと呼ばれていることもある。

　ケースでは、給食当番に遅れたKに対して、Sが「あんたもたけのこへ行ったら」と発言した。この一瞬の言葉には二つの指導事項がある。一つはK兄弟への侮辱である。SはKの兄が特別支援学級に在籍していることを知っていて、それを使ってKをからかったのである。この発言は、大人の社会では侮辱罪になる。学級担任は、間髪入れずSを呼び、「今、なんて言った！」と問い、Sの発言を厳しく注意する。他の児童が周りにいるであろうが、学級担任として許せないラインをはっきり示さなければならない。これが今後の

同様の行為の抑止となる。もう一つが「たけのこ学級」の軽薄な理解である。特別支援学級は、障害がある児童が一人ひとりの状態に応じて学習する場所であるが、Sは「普通の生活ができない子が行く学級」と理解しているのである。学級担任は道徳や学級活動の時間に、特別支援学級について深い理解を促す指導を行わなければならない。

「あんたもたけのこへ行ったら」は、日常の学校生活での一瞬の言葉であるが、学級担任にはこれを見逃さない鋭敏な感性と行動力が求められる。

基本認識・対応の原則・関連知識

- 間髪入れずSを呼び、「今、なんて言った！」と問い、Sの発言を厳しく注意する。
- 学級担任として許せないラインをはっきり示す。
- 日常の学校生活での一瞬の言葉でも、そこに課題が含まれる場合にはこれを見逃さない鋭敏な感性と行動力が求められる。

ケース No.

003

初任者の先生の指示に、数人の男子児童が愚痴を言う

ケース

あなたは小学校の教員をしています。採用8年目で、今の勤務校は2校目です。4月の校内人事では担任をもたず、初任者指導教員をすることになりました。勤務校には、今年度二人の初任者D教諭、E教諭が配置されました。両名とも今年大学を卒業した女性です。D教諭は3年生担任、E教諭は5年生担任になりました。子どもたちが学校に慣れてきた5月のある日、D教諭の学級で「座りなさい。」という先生の指示に、数人の男子児童が一言二言愚痴を言ってから動くことが気になりました。D教諭にそのことを伝えると、「大丈夫です。」という返事です。

解説

4月の入学式や始業式の日、児童と学級担任が初めて対面する。それから約1か月は、両者の様子見期間である。児童は、担任の先生はどんな先生なのか、どこで怒るのか、怒ると怖いのか、嘘は通用するのか等を探っている。一種の緊張状態であるが、5月の連休明けの頃から地が出てくる。教師力がある教員はこのような児童の動きを想定しており、児童を上手く導く。しかし、そうでない教員は児童の気になる言動を放置してしまい、学級の機能が失われていくことがある。

ケースでは、「数人の男子児童が一言二言愚痴を言ってから動く」ということであるが、ある教員は間髪入れず「Aくん、今何て言った！もう一度言ってごらん。」と大声で注意した。別の教員は、授業が終わった後「Aくん、ちょっと職員室へ来なさい。」と言い、一人ずつを職員室へ呼び、「ダメなことはダ

メ。」と注意した。学級担任が考えている方向を明確に示すときは前者、児童の話を聞いた上で指導するなら後者であろう。「毅然とした生徒指導」という言葉があるが、これは児童の行為の過ちや責任をしっかり自覚させ、健全な成長が図られるよう暖かく粘り強く指導することである。しかしD教諭は「大丈夫です」という反応である。状況から「策はないが、構わないでほしい」という助言拒絶の気持ちが推察される。このような発言があると、初任者指導教員もなかなか助言に入れない。D教諭は、自分の指導を客観的に振り返り、謙虚に学ぶ姿勢をもたなければならない。

　学級は、さまざまな児童が集まる小社会である。何事もなく一年が過ぎることは考えられない。そんなとき、児童に正しい言動を教え、至らぬところには手を差し伸べ、弱っている心には共感するのが学級担任の使命である。小学校では学級担任が当該学級のほとんどの授業を担当する。そのため、児童の学校生活の多くの場面と触れあい、児童の心情を細かく理解できる立場にある。生活指導面でも学級担任の果たす役割は大きい。

基本認識・対応の原則・関連知識

- 新年度の４月、児童は担任の先生を探っている。
- 学級担任が考えている方向を明確に示すときはその場で間髪入れず指導、児童の話を聞いた上で指導するなら職員室に呼び話をする。
- 学級は、さまざまな児童が集まる小社会である。
- 児童に正しい言動を教え、至らぬところには手を差し伸べ、弱っている心には共感するのが学級担任の使命である。

引用文献・参考文献

- 文部科学省　平成22年（2010）　生徒指導提要　第6章生徒指導の進め方　pp.138-142

授業に遅刻した児童に迎合する児童がいる

あなたは小学校で理科の専科教員をしています。ある日の3時間目は6年2組の授業でした。理科室で子どもたちが来るのを待っていましたが、3人の男子児童が2、3分遅れて入ってきました。さらに、悪びれた様子もなく、椅子に座った後も話をしています。「遅れてきて、まだ話をしているとは何事ですか。」と注意すると、別の女子児童が「先生も遅れることあるやん。」と発言しました。周りからも「そう、そう。」という声が聞こえます。

解説

学級崩壊という言葉がある。国立教育政策研究所では、学級がうまく機能しない状況(いわゆる学級崩壊)を「子どもたちが教室内で勝手な行動をして教師の指導に従わず授業が成立しないなど、集団教育という学校の機能が成立しない学級の状態が一定期間継続し、学級担任による通常の方法では問題解決ができない状態」と定義している。

学級崩壊の前兆というべき児童の行動、態度がある。「教室にゴミがめだつ」「落書きが多い」「物が壊される」などの実行者不明の環境の乱れと、「授業に遅刻する」「注意に対して反論や言い訳をする」「注意されているのににやけている」などの教員に対する不服従である。ケースで見られたのは後者である。6年1組ではこの傾向がなく、2組だけにこの傾向が現れる、さらに2組の学級担任が行う他の授業でも同様の傾向があるのであれば、学級崩壊の危険信号と考えなければならない。理科専科教員としては、6年2組の学級担任に連絡後、すぐに生活指導部長と6年生に関わる全教員による対策会議

を開くように要請する。従来、小学校では学級担任が学習指導、生活指導など児童の学校生活全体を掌握してきた。しかし、児童の実態を多面的に把握し、行動の意味を的確に判断するためには、複数教員による情報収集、分析、対応が必要になる。2組の学級担任には辛いことかもしれないが、児童が健全な学校生活を送るため、また自分の教師力向上のためと考えてほしい。

　学級崩壊では、ある一つの原因により学級が崩壊するという単純な因果関係は存在しない。原因と思われる複数の要因が積み重なっているのである。そのため、「こうすればよい」という特効薬はなく、複数の要因一つ一つを丁寧に解決していかなければならない。また、小学校では学級担任の授業の在り方が児童の生活指導と深くかかわっている。学び方やわかる喜びが感じられない授業を受ける児童は、学級担任への不満を抱き、学校生活の意欲も低下する。これがさまざまな問題行動の遠因になるのである。

基本認識・対応の原則・関連知識

- 学級崩壊の前兆となる児童の行動、態度には、実行者不明の環境の乱れと、教員に対する不服従がある。
- 学級崩壊の前兆が見られたときは、すぐに関係教職員による対策会議を開く。
- 学級崩壊では、原因と思われる複数の要因が積み重なっており、その一つひとつを丁寧に解決していかなければならない。
- 小学校では、学級担任の授業の在り方が児童の生活指導と深くかかわっている。

引用文献・参考文献

- 国立教育研究所　平成12年(2000)　いわゆる「学級崩壊」について－学級経営の充実に関する調査研究－(最終報告)
- 国立教育政策研究所生徒指導研究センター　平成17年(2005)　「学級運営等の在り方についての調査研究」報告書
- 文部科学省　平成22年(2010)　生徒指導提要　第6章生徒指導の進め方　pp.138-142

005

２年生に貸したバスケットボールに５年生が入り、独占して遊んでいた

ケース

　あなたは小学校２年生の担任をしています。昼の休憩時間、あなたの学級の子どもたち数人が、バスケットボールを貸してほしいと言ってきました。あなたの学校ではバスケットボールは貸し出し制になっていて、申し出がある毎に担任が貸し出すようになっています。代表の子どもＳに「休み時間が終わったら返しに来てね。」と言い、ボールを貸し出しました。ところが、２年生の数人が遊んでいると、５年生の数人が「２年生対５年生で試合をしよう。」と言って入ってきました。２年生と５年生では大きな力の差があり、２年生の子どもたちはほとんどボールに触れられませんでした。休憩時間後Ｓは「ありがとうございました。」とバスケットボールを返しに来ました。

解説

　休憩時間の運動場では１年生から６年生が入り混じって遊んでいる。通常、同じ学級、同じ学年の児童が一緒に遊んでいる。ケースの学校では、各学級にソフトドッジボールが１球ずつ配布されているが、バスケットボールは貸出制になっている。

　ケースの場合、２年生がボールで遊んでいる中に５年生が入ってきた。この５年生は、なぜ２年生の中に入ってきたのか、２年生や５年生を指導する前に、その理由を明らかにする必要がある。ボールを借りるのが面倒で２年生が借りたボールを横取りしようとした、２年生が相手ならからかいながら遊べる、一緒に遊ぼうと言えば合法的にボールで遊べる、体格や運動能力の

優位性を利用しようとした、などの意図が５年生にあるのならば悪質である。５年生の学級担任と連携し、一緒にいた数人を一度に呼び出す。お互い口裏合わせができないようにし、一人ひとりから事情を聞く。悪意があるのであれば、二度と同様のことがないよう指導しなければならない。

　児童同士の些細なトラブルであるが、このようなケースの背景に２年生と５年生の間に理不尽な上下関係があったり、いじめに発展するきっかけが隠れていることがある。

| 基本認識・対応の原則・関連知識 |

- ５年生が体格や運動能力の優位性を利用しようとしているならば悪質である。
- 一緒にいた５年生数人を一度に呼び出し、一人ひとりから事情を聞く。
- ２年生と５年生の間に理不尽な上下関係があったり、いじめに発展するきっかけが隠れていることがある。

保護者から、娘が「学校に行きたくない」と言っていると相談があった

ケース

　あなたは小学校４年生の担任をしています。５月の連休中の授業日、女子児童Ａの保護者が相談ということで来校しました。内容は、「４月の中頃、うちの娘（Ａ）とＭさんが、Ｓさんから『トイレの掃除は汚いので私はできない。二人でしてくれない？』と言われました。Ｍさんはトイレ掃除をしたのですが、うちの娘は『それはＳさんの当番なんだから、自分でしないとだめよ！』と言いました。それからＳさんからの無視が始まり、Ｓさんの周りの何人かも同調しているようなんです。うちの娘（Ａ）は毎朝『学校へ行きたくない。』と言いながらも、『休みたくないから。』と気力を振り絞って登校しています。どうしてあげればいいのでしょうか。」というものでした。Ｓはこの４月からの転入生で、前の学校から「問題行動がある」と引き継がれている児童でした。

解説

　いじめ防止対策推進法第２条（定義）では、「（前略）『いじめ』とは、児童等に対して、当該児童等が在籍する学校に在籍している等当該児童等と一定の人間関係にある他の児童等が行う心理的又は物理的な影響を与える行為（中略）であって、当該行為の対象となった児童等が心身の苦痛を感じているものをいう」と定義されている。また、いじめの衝動を発生させる原因としては、①心理的ストレス、②集団内の異質な者への嫌悪感情、③ねたみや嫉妬感情、④いじめの被害者となることへの回避感情、などがあげられる。

　ＳはＡに注意されことから、Ａを無視するようになり、周りの児童も巻き

込みつつある。このままでは、Aは次第に他者との関係を断ち切られ、孤立していく。学級担任は、保護者からの相談でいじめの情報を得たのであるが、すぐに学年主任、生徒指導部長にケース会議の開催を要請しなければならない。また、Sが前の学校から「問題がある」と引き継がれているなら、その内容も問い合わせる。ケース会議では、指導方針の決定と役割分担を行い、迅速に実行する。保護者には、学級担任から「いじめは許されない、学校組織として対応する」と学校と学級担任の意志を伝え、Aの学校での状況や家での状況を交換し合う。Aには「あなたは私が守る」と宣言し、休み時間、給食時間、清掃時間などの安全確保に努める。一方、Sの言動に対しては、いじめの「加害者」としていつも注意を払う。学級においてもいじめ防止の授業を行ない、いじめは「加害者」「被害者」「観衆」「傍観者」により成り立ち、学級のみなさんは「観衆」「傍観者」ではなく、「仲裁者」にならなければならないと指導する。

　潜在的カリキュラムという言葉ある。「教員に教えようとする意図がないにも拘わらず、児童生徒が学習してしまうカリキュラム」である。学級担任の「いじめは絶対に許さない」という強い意志は、いじめ防止の授業中でなくても、潜在的カリキュラムとして学級全員に伝わるものである。

基本認識・対応の原則・関連知識

- いじめ防止対策推進法第2条(定義)では、いじめが定義されている。
- ケース会議を開催し、指導方針の決定と役割分担を行い、迅速に実行する。
- いじめは「加害者」「被害者」「観衆」「傍観者」により成り立つ。
- 学級担任の「いじめは絶対に許さない」という強い意志は、潜在的カリキュラムとして学級全員に伝わる。

引用文献・参考文献

- いじめ防止対策推進法第2条(定義)
- 文部科学省　平成22年(2010)　生徒指導提要　第6章生徒指導の進め方　pp.173-174

007

２年前担任した児童が、廊下で大暴れしていた

ケース

　あなたは小学校４年生を担任しています。ある日、６年生の男子児童Ｄが廊下で大暴れしている場に通りかかりました。Ｄは、担任の女性の先生のお腹を蹴り、腕を爪で引っ掻き、目つきはたいへん険悪で暴れています。その先生が泣きながら「Ｄ君は賢くて優しいんだから、こんなことしてはいけないのがわかるよね。」と言うと、Ｄは「ほんとうはそんなこと思ってないくせに、賢いとか優しいとか言うな！」と怒鳴りました。あなたは２年前のＤの担任で、Ｄはその行動から発達障害があると思われる児童でした。

解説

　発達障害者支援法第２条（定義）には、「（前略）『発達障害』とは、自閉症、アスペルガー症候群その他広汎性発達障害、学習障害、注意欠陥多動性障害その他これに類する脳機能の障害であってその症状が通常低年齢において発現するもの（後略）」と定義されている。今、Ｄが暴れている原因は不明であるが、発達障害に起因する可能性があれば、現在の行動だけに注目せず、きっかけになったことや前後の言動を洗い出し、暴れるという不適切な行動を生起させている原因を分析する必要がある。

　いわゆる切れているＤにはクールダウンが必要である。ある程度の人間関係がある元学級担任としては、Ｄを小部屋などに連れて行き、落ち着きを取り戻した後、何があったのかを聞き出す。Ｄには必ず「暴れる」理由がある。たとえば「自分が行った行動を注意された」「前に気分を害したことを思い出した（フラッシュバック）」「やるべきことが嫌である」などである。ただし、それは「自分勝手」な考え方であることもあり、学校という小社会では通用し

ないことも多い。Dには、注意や叱責による行動改善は難しいという前提に立つ必要があろう。暴れた経緯を分析することで、Dの行動傾向や対応の加減（どこを強く指導し、どこを妥協するか）が明らかになる。

　Dのこのような行動が多発するのであれば、学校の組織としての対応が重要になる。特別支援教育コーディネーターにケース会議の開催を要請する。ケース会議には、校長（教頭）、特別支援教育コーディネーター、学級担任、元学級担任、学年主任、養護教諭などが出席し、今後のDの指導について、指導の方向と対応の方法、役割分担を決定する。

　障害特性による失敗が繰り返され、周りの児童と良好な人間関係が結べない状況が続くと、二次的な問題を引き起こすことがある。たとえば、自己効力感の低下、本人の学級不適応・不登校、周りの児童とのトラブルである。この予防の一つに、自尊感情の醸成がある。自尊感情とは、自分を価値ある存在として尊重する感情であり、この醸成には、さまざまな学習場面で「わかった」「できた」という達成感や成就感を経験させること、学級生活で「自分の役割があること」「役割を果たしたときに先生や周りの児童から認められること」が必要とされる。

基本認識・対応の原則・関連知識

- 発達障害は脳機能の障害である。
- 暴れた経緯を分析することで、Dの行動傾向や対応の加減が明らかになる。
- 暴れるという行動が多発するのであれば、ケース会議での対応が必要である。
- 障害特性による失敗が繰り返されると、二次的な問題を引き起こすことがある。

引用文献・参考文献

- 発達障害者支援法第2条（定義）
- 文部科学省　平成22年（2010）　生徒指導提要　第6章生徒指導の進め方　pp.160-163

ケース No.
008

児童が突然椅子から転げ落ちた

ケース

あなたは小学校5年生を担任しています。ある日の昼休み、職員室にいると女子児童3人が真っ青な顔をして飛び込んできました。「Kが突然椅子から転げ落ちた。ぶるぶる震えている。何があったのかわからない。」と言います。急いで教室へ行くとKが倒れており、もう震えはないようですが、目はうつろで呼びかけても反応はありません。たくさんの児童が周りを取り囲んでいます。

解説

外界から、身体を揺さぶる、名前を呼ぶなどの刺激を与えたとき、その反応が全くない、または低下している状態を意識障害という。Kは意識障害の状態である。当初原因はわからないが、すぐに救急車の出動を要請する。

呼吸と脈拍を確認し、それらが失われている場合には胸骨圧迫（心臓マッサージ）と人工呼吸の蘇生処置を行う。AEDが用意できるときは使用を躊躇してはいけない。呼吸と脈拍がある場合は、吐物が気管を塞がないように横向きに安静に寝かせる。意識障害が数分程度で回復した場合でも、救急車で医療機関へ搬送し、原因を究明しなければならない。頭を強打して意識障害に陥ったなら脳震盪が考えられるが、ケースの場合「突然椅子から転げ落ちた」ということから、てんかんや頭蓋内出血も考えられるからである。

てんかんは「突然意識を失い、発作を起こす遺伝病」という誤解が流布しているが、実際は遺伝することは少なく、百人に一人程度にみられるありふれた疾病である。自分の家系の遺伝病だと思い込んでいる保護者の中には、そ

れを隠すために学校の健康調査に記載しなかったり、学校で発作が起こった場合にも、その件に今後触れないよう学級担任に申し出たりする場合がある。てんかんの発作は、突然、意識障害の状態になることから、二次的な事故を引き起こすこともあり、学級担任と養護教諭としては、是非とも把握しておきたい疾病である。

| 基本認識・対応の原則・関連知識 |

- 外界から刺激を与えたとき、その反応が全くない、または低下している状態を意識障害という。
- 呼吸と脈拍が失われている場合には胸骨圧迫と人工呼吸の蘇生処置を行う。
- てんかんについては、社会に遺伝性であるという誤解が流布しており、それを隠蔽しようとする保護者がいる。

ケース No.
009

児童生徒 × 葛藤

鞄にマスコットを付ける生徒が増えてきた

ケース

あなたは中学校2年生を担任し生徒指導部に所属しています。学校には標準服(制服)はありますが、鞄の指定はありません。しかし2学期になって、鞄にたくさんのマスコットを付ける女子生徒が目立ってきました。ある日の生徒指導部会でこのことが議題になり、H先生が「マスコットを付けるのが競争のようになっているので、規制すべきじゃないか。」と発言しました。それに対してT先生は「鞄に指定がなく、マスコットも鞄の一部と考えられるので規制の必要はない。」と反論しました。

解説

児童生徒は心身の発達の過程にあり、学校は集団生活の場であることから、学校には一定のきまりが必要であり、これが校則である。校則は、児童生徒が健全な学校生活を営み、よりよく成長していくための行動の指針として定められる。一方、学校や生徒を取り巻く社会環境は常に変化しており、学校は校則やそれに類するきまりを積極的に見直さなければならない。どのような校則を制定するかは校長の権限あり、法的な規定はない。

ケースの課題は、校則に定められていない鞄のマスコットの是非である。もちろん、校則に定められていないから何でも許されるというものではない。生徒指導部会でのH先生とT先生の発言は、いずれも正論のように聞こえるが決め手に欠ける。規制の是非という視点からの意見であり、生徒の規範意識醸成という視点がないからである。

中学校時代、生徒は生活の規律や社会のルールを学ばなければならない。

ケースのような問題では、自分たちはどう考えるのか、解決するための方策はあるのか、その実行にはどんなところに配意しなければならないのか、などを学級活動時に議論するという方法がある。中学校学習指導要領特別活動の目標には「集団や自己の生活、人間関係の課題を見いだし、解決するために話し合い、合意形成を図ったり、意思決定したりすることができるようにする」と記されている。

　ケースの場合、マスコットについての校則を追加するという学校があるかもしれない。しかしこれは、校則を不必要に微細化することになり、生徒の行動をすべて校則で縛るということにつながる。

基本認識・対応の原則・関連知識

- 学校には一定のきまりが必要であり、これが校則である。
- 学校や生徒を取り巻く社会環境は常に変化しており、学校は校則やそれに類するきまりを積極的に見直さなければならない。
- 生徒自身が、自分たちはどう考えるのか、などを学級活動時に議論するという方法がある。

引用文献・参考文献

- 文部科学省　平成 22 年 (2010)　生徒指導提要　第 7 章生徒指導に関する法制度等 pp.192-193
- 文部科学省　平成 29 年 (2017)　中学校学習指導要領　第 5 章特別活動　pp.162-167

ケース No. 010

母親から「今朝、学校へ行きたくないと言った」との連絡があった

ケース

あなたは中学校2年生を担任しています。あなたの学級に、サッカー部のキャプテンをしている男子生徒Kがいます。12月のある日、Kの母親から電話があり「今朝、Kが学校へ行きたくないと言いました。体調が悪い様子はありません。今までこんなことはありませんでした。何とか登校しましたが・・・。」とのことでした。放課後にKから事情を聞こうと思いましたが、後日にしました。今日は成績交換の締切日（教科担任から学級担任に成績を渡す日）で、あなたが教科担任する6学級の美術の成績が出せていないためです。

解説

いじめ防止対策推進法第16条（いじめ早期発見のための措置）には「学校の設置者及びその設置する学校は、当該学校におけるいじめを早期に発見するため、当該学校に在籍する児童等に対する定期的な調査その他必要な措置を講ずるものとする」と規定されている。いじめの発見ルートには、本人の訴え、教職員による発見、保護者などからの情報提供、アンケートによる把握があるが、教員は児童生徒が発する小さなサインを見逃さず、その違和感を敏感に感じ取れなければならない。また、同法23条（いじめに対する措置）2項には「学校は、（中略）当該学校に在籍する児童等がいじめを受けていると思われるときには、速やかに、当該児童等に係るいじめの事実の有無の確認を行うための措置を講じる（中略）ものとする」と規定されている。

ケースの場合、Kの様子がおかしいという母親からの連絡である。サッカー部のキャプテンであることから、Kは人望の厚い生徒であると思われる。その立場から、学校では「学校へ行きたくない」という素振りは見せないようにしている可能性がある。この時点では「いじめ」があるのか否かは不明であるが、学級担任は、すぐにKと懇談の機会をもち、「学校へ行きたくない」と言った真意を探らなければならない。いじめが確認されれば、生徒指導主事にケース会議の開催を要請する。これが部活動内で起こっているのであれば、ケース会議にサッカー部の顧問も参加する。このケース会議では、指導方針の共有と役割分担をした上で、迅速な対応を行う。

学校の教員は慢性的に多忙である。ケースの学級担任は美術の教員で、成績交換の当日であるにもかかわらずまだ成績が出せていない。Kとの懇談が入るのであれば、6学級の担任への成績提出が遅れ、迷惑をかけることになる。しかし、「Kから話を聞くのは後日にする」は大きな判断ミスである。このように、学校では臨機の指導や仕事が入ることは珍しいことではない。

基本認識・対応の原則・関連知識

- いじめについて、教員は児童生徒が発する小さなサインを見逃してはならない。
- 学級担任は、すぐにKと懇談の機会をもち、「学校へ行きたくない」と言った真意を探る。
- いじめが確認されれば、生徒指導主事にケース会議の開催を要請する。

引用文献・参考文献

- いじめ防止対策推進法第16条（いじめ早期発見のための措置）
- いじめ防止対策推進法第23条（いじめに対する措置）
- 文部科学省　平成22年（2010）　生徒指導提要　第6章生徒指導の進め方　pp.173-174

ケース No.
011

児童生徒 × 省察

生徒が、自分と学年主任の前で違うことを言う

ケース

あなたは中学校2年生を担任しています。ある日、教頭先生から「地域の人から、あなたの学級のCがバイクに乗っていると連絡があった。本当かどうか確認してもらえませんか。」と言われました。その日の放課後、Cを呼び事情を聴いたところ「バイクには絶対乗っていない。」というので、そのまま家に帰し、教頭先生に報告しました。翌日、学年主任のN先生から「私のところにCを呼んでくれませんか。」と言われ、Cを呼ぶと「時々、兄ちゃんのバイクに乗ることがある。」と言うではありませんか。

解説

中学生は無免許であり、バイクを運転するということは、道路交通法第64条（無免許運転の禁止）「何人も、（中略）公安委員会の運転免許を受けないで（中略）、自動車又は原動機付自転車を運転してはならない」の違反であり、同法第117条の2の2（罰則）「（前略）3年以下の懲役又は50万円以下の罰金に処する」により罰則を受ける。

　社会のきまりを守らないという行動はそれ自体が問題行動であり、学級担任は時期を逃さず毅然とした指導を行なわなければならない。その最初が事実確認である。事実確認では、いつ、だれが、何を、を聴き取る。事実を正確に把握し、その背景を明らかにすることは、教員間の共通理解、学校での指導、家庭への支援、関係機関との連携の根拠となる。しかしケースの場合、学級担任は事実確認を行うことができなかった。生徒は誰でも自分に都合が悪いことは話そうとしない傾向はあるが、学年主任のC先生が事実確認を

行ったことから、学級担任の生徒指導の拙さが露呈したということになる。

　学校には優れた教員がいる。このような教員は、一人ひとりの生徒を正視し、学習指導にしても生徒指導にしても、生徒から目を逸らすことはない。このような教員の姿勢は、生徒は敏感に感じるものである。教員が生徒と向き合ったときに問われるのは、このような教師力である。授業を行う能力、生徒指導の能力に加え、教員自らが「大人のモデル」「社会人のモデル」となるよう自己研鑽や研修を積まなくてはならない。

基本認識・対応の原則・関連知識

- 中学生がバイクを運転するということは、道路交通法第 64 条 (無免許運転の禁止) 違反である。
- 社会のきまりを守らないという行動は問題行動であり、学級担任は時期を逃さず毅然とした指導を行わなければならない。
- 教員が生徒と向き合うときに問われるのは、教師力である。
- 教員は、自らが「大人のモデル」「社会人のモデル」となるよう自己研鑽や研修を積まなくてはならない。

引用文献・参考文献

- 道路交通法第 64 条 (無免許運転の禁止)
- 道路交通法第 117 条の 2 の 2 (罰則)
- 文部科学省　平成 22 年 (2010)　生徒指導提要　第 6 章生徒指導の進め方　pp.133-134

ケース No. 012

児童生徒 × 省察

校外学習で、電車内の児童の行動が気になった

ケース

あなたは、採用7年目で、今年Y小学校から同じ市内のH小学校に転勤しました。H小学校では理科の専科教員で、5月のある日、6年生の校外学習に付き添いました。電車を使っての移動でしたが、車内での児童の様子が気になりました。電車に乗ると児童は一般座席や優先座席に座り、休憩時間のように話しています。一般客が乗ってきても態度は変わりません。前任のY小学校では、「一般客が乗ってきたら席を代わる。私語は控える。」と指導してきたので、帰校後に反省事項としてあげると、「児童も子ども料金を払っているのだから、特別に指導する必要はないんじゃないの。」という反応でした。

解説

教育課程上校外学習は、特別活動の中の学校行事（4）遠足・集団宿泊的行事に位置づけられる。その内容は、「（前略）平素と異なる生活環境にあって、見聞を広め、自然や文化などに親しむとともに、よりよい人間関係を築くなどの集団生活の在り方や公衆道徳などについての体験を積むことができるようにすること」である。

ケースの校外学習では、目的地への移動手段として電車を使った。校外学習を行う学年は、事前に改札口やホームでの集合場所や並び方について利用駅と打ち合わせを行う。混雑や危険を避けるため、乗車時刻や車両を指定されることもある。もちろん一般客と同乗である。この乗車中の児童の指導は、学校外での生徒指導ということになる。

生徒指導には、基準とその一貫性が必要である。「社会生活上のきまりは学校でも守る」「社会で許されないことは学校でも許されない」「他の人に迷惑をかけない」「時間を守る」などはその基準になる。ケースの場合であれば「優先座席は、必要な一般客が乗ってきたら代わる」「うるさくして人に迷惑をかけない」が当てはまる。表面的な指導や叱責によって問題となる行動が抑制されるだけでは、充分な教育を行ったとはいえない。ここでは行動の基準が教員にあり、児童は他律的に動いていることになる。この場合では、児童に電車の中での行動について考えさせ、その考えに基づいて自分の行動の適否を判断させることが教育である。具体的には「どんな校外学習にしたいのか」「どんな気持ちで参加するのか」「一般の人たちとの関わりはどうすべきか」「施設ではどのように過ごせばいいのか」などを考えさせ、自分たちの目標をもって参加させるのである。

「特別に指導する必要はないんじゃないの」と発言した教員に、指導の必要性を感じながらも「細かく指導するのは面倒だ」「自分は指導できない」という気持ちがあるのであれば、看過できない。

基本認識・対応の原則・関連知識

- 教育課程上、校外学習は特別活動の中の遠足・集団宿泊的行事に位置づけられる。
- 生徒指導には基準とその一貫性が必要である。
- 児童に電車の中での行動について考えさせ、その考えに基づいて自分の行動の適否を判断させることが教育である。

引用文献・参考文献

- 文部科学省　平成 29 年 (2017)　小学校学習指導要領　第 6 章特別活動　pp.186-189
- 文部科学省　平成 22 年 (2010)　生徒指導提要　第 1 章生徒指導の意義と原理　pp.9-13
- 文部科学省　平成 22 年 (2010)　生徒指導提要　第 4 章学校における生徒指導体制　pp.75-77

013

児童生徒 × 省察

執拗なからかいにたまりかねた児童が、ピンポンダッシュをした

ケース

あなたは小学校6年生を担任しています。あなたの学級の男子児童Sは、いつも男子児童Rら数人から持ち物を隠されたり、からかわれたりしています。幾度かRらや保護者を呼んで指導を行いましたが、数日すると元と同じような状況になります。ある日、Rらの行為にたまりかねたのか、SがRの自宅にピンポンダッシュをしました。R宅のインターホンは来宅者の画像が残るもので、Rの両親は画像をプリントアウトして来校しました。「先生は、いつも息子が一方的に悪いように言っておられたが、何を見ておられるのか。これは犯罪ではないのか。」と激怒しています。

解説

いじめ防止対策推進法第2条（定義）では、「この法律において「いじめ」とは、児童等に対して、当該児童等が在籍する学校に在籍している等当該児童等と一定の人的関係にある他の児童等が行う心理的又は物理的な影響を与える行為（インターネットを通じて行われるものを含む）であって、当該行為の対象となった児童等が心身の苦痛を感じているものをいう」と定義されている。学校でいじめが発見されたとき、教員は間髪入れず指導を行なわなければならない。その時の基本認識は、「いじめる側が悪い」という毅然とした態度であり、加害者の「いじめられる側にも原因がある」という主張を明確に否定、払拭することである。

ケースでは、RらがSをいじめ、SがR宅にピンポンダッシュをした。生活指導ではこれらは別件として指導する。SのピンポンダッシュがRのいじ

めを正当化する理由となってはならない。また、「幾度かRらや保護者を呼んで指導を行いましたが、数日すると元と同じような状況に」という学級担任のいじめについての指導には、大きな問題がある。数日で元と同じような状況になるのなら、指導したとは言えない。すぐに生活指導部長にケース会議（いじめ対策会議）の開催を要請する。この会議の出席者は、校長（教頭）、生活指導部長、学年主任、学級担任、養護教諭などで、指導方針を共通理解した上で役割分担し、迅速に対応する。SとRの保護者には、いじめを必ずなくすという学校の意志を伝える。学級担任には、いじめは絶対に許さないという気迫が必要である。Rの父親はピンポンダッシュのことを持ち出すであろうが、「それは別件として指導します。」と毅然として対応する。丁寧な事実把握と両者の個別指導を行なった上で、当事者と保護者を交えた場で指導の経過を報告する。

　いじめは、このような指導で解決したと思われた後も、教員の目が届かないところで継続していることがある。両者への定期的な事後指導が必要である。

基本認識・対応の原則・関連知識

- いじめ防止対策推進法第2条（定義）では、いじめが定義されている。
- いじめ指導時の基本認識は「いじめる側が悪い」という毅然とした態度であり、加害者の「いじめられる側にも原因がある」という主張を明確に否定、払拭することである。
- 学級担任は、生活指導部長にケース会議（いじめ対策会議）の開催を要請する。
- SのピンポンダッシュがRのいじめを正当化する理由になってはいけない。

引用文献・参考文献

- いじめ防止対策推進法第2条（定義）
- 文部科学省　平成22年（2010）　生徒指導提要　第6章生徒指導の進め方　pp.173-174

014

私立小学校から男子児童が転入してきた

ケース

　あなたは小学校2年生を担任しています。5月のある日、駅を一つ隔てた所にある私立S小学校から男子児童Fが転入してくることになりました。私立S小学校の教頭先生からは電話で「Fくんは入学当初から周りの友だちとのトラブルが絶えず、保護者が市立M小学校への転校を選択されました。」という簡単な説明がありました。実際のFはとても元気な児童で、「前の学校では、運動場と校舎に一つずつ基地を作っていた。こちらの学校の方が楽しい。」と言います。

解説

　学校教育法第2条（学校の設置者）には、「学校は国（中略）、地方公共団体（中略）及び私立学校法第3条に規定する学校法人（中略）のみが、これを設置することができる」とある。よって、公立小学校の他に国立小学校、私立小学校がある。何らかの理由でこれらの小学校から公立小学校に転校することになった場合は、居住地の通学指定校への転校ということになる。

　ケースの児童Fの転校理由は「友だちとのトラブル」ということである。Fの母親は「1年生の時、授業中に先生の指示に従わなかったり、歩き回ったりするので、いつも先生から注意されていました。友だちとのトラブルもあり、相手の保護者に謝罪したいと思ったのですが、遠方から電車で通学している子がほとんどで、その子の家へ行くこともできませんでした。先生からは、退学とは言われませんでしたが、これ以上S小学校に迷惑をかけられないと思い、地元の小学校へ転校することにしました。」と話した。また、「私

たちの居住地の通学指定校は市立Ｉ小学校なのですが、幼稚園からの知り合いの子がたくさんおり、Ｓ小学校を退学になったとからかわれたりするかもしれません。そこで私たちが転居して、この市立Ｍ小学校に転入学させていただくことにしました。」とも話した。

　転入してきたＦは活発で元気な児童で、友だちもすぐにできた。その後、少々の発達障害の傾向は見られたが、とくにトラブルはなく進級した。Ｍ小学校への転入は、保護者の良い選択だったのであろう。通学指定校である公立小学校は、入学してくる児童、転入学してくる児童をすべて受け入れる。公立小学校の教員は、どのような児童をも指導できる教師力を身に付けなければならない。

基本認識・対応の原則・関連知識

- 何らかの理由で国立私立小学校から公立小学校に転校する場合、居住地の通学指定校への転入学することになる。
- 通学指定校である公立小学校は、入学してくる児童、転入学してくる児童をすべて受け入れる。

引用文献・参考文献

- 学校教育法第２条（学校の設置者）

児童が、「嫌な子とは話したくない」と言う

ケース

　あなたは小学校2年生を担任しています。ある日、学級でしっかり者の女子児童Nが「最近、Tくんが話をしてくれない。他の子とはよく話をしているのに・・・。」と相談に来ました。すぐに男子児童Tを呼んで事情を聴いてみると、「僕はもともと人と話すのが得意じゃないし、とくに嫌な子とは話したくないねん。」と言います。

解説

　小学校学習指導要領の特別活動の内容（よりよい人間関係の形成）には「学級や学校の生活において互いのよさを見付け、違いを尊重し合い、仲よくしたり信頼し合ったりして生活すること」とある。また、生徒指導提要の幼児期の仲間関係の発達では「幼児期には気が合う子、一緒に遊んでいて楽しい子が友達、小学校低学年では同じクラスの遊び仲間が友達、小学校中学年では自発的に仲間集団を形成、小学校高学年では特定の友人と親密な関わりをもち親友という存在ができる」とされている。

　ケースのTは、自発的に仲間集団を形成する途上にあり、そのときにNを仲間集団から除外したのである。小学校低学年であっても、児童は自分と合う合わないは敏感にわかるもので、TがNと合わないと判断したのは仕方がない。しかし、Nを「嫌な子」と感じているのがTだけではなく、他にも多くの児童が同様の思いをもっているとなると、学級担任はNの言動を指導しなければならない。TからNの言動の何が嫌なのかを具体的に聞き出し、Tから聞いたということは伏せて、Nを指導するのである。たとえば「自慢話

をする」「嘘をつく」「秘密をばらす」「わがままである」「すぐにすねる」「陰口を言う」などである。おそらく、Nはそのことに気づいていない。

　このように、発達に伴い仲間関係が形成されてくると、多くの友だちに受け入れられる児童がいる一方、多くの友だちから拒否され孤立していく児童もいるなど、集団内での位置に差が生じてくる。特別活動の内容にある「仲よくしたり信頼し合ったりして生活する」を、すべての児童に当てはめるのは理想論でしかないという教員や保護者もいるが、仲間関係を維持していくための能力（ソーシャルスキル）の育成は、学級担任の責務であるともいえる。

基本認識・対応の原則・関連知識

- 幼児期から児童期の仲間関係の発達では、年齢に伴い異なった友人関係が形成される。
- Nを「嫌な子」と感じているのがTだけではないのであれば、学級担任はNの言動を指導しなければならない。
- 仲間関係を維持していくための能力（ソーシャルスキル）の育成は、学級担任の責務である

引用文献・参考文献

- 文部科学省　平成29年（2017）　小学校学習指導要領　第6章特別活動　pp.183-185
- 文部科学省　平成22年（2010）　生徒指導提要　第3章児童生徒の心理と児童生徒理解　pp.49-50

私立中学受験に失敗し、公立中学へ入学してきた生徒の態度が気になった

ケース

　あなたは中学校1年生の担任で、社会の教科担任です。4月、授業が始まって1週間ほど経った頃、男子生徒Mの態度が気になるようになりました。社会の授業は聞いているようなのですが、ほとんどノートには記入していません。入部する部活動を決めるための仮入部もせず、すぐに帰ってしまいます。そんな時、6年生で同じ学級だった男子生徒Tから「Mは私立R中学校へ行くためにずっと勉強していたけど、受験に失敗しこの学校に入学してきた。」という話を聞きました。

解説

　平成31年の文部科学省学校基本調査によると、私立中学校に通う中学生は全国平均で7.3％であり、都道府県により大きな差がある。多くの私立中学校は入学試験があるので、受験する児童は小学校6年生時に人生初の大きな挑戦をすることになる。そこでは当然不合格を経験する児童が出てくる。

　ケースのMは、そのような生徒である。受験に失敗したMは、現在自尊感情が大きく低下している。このようなとき、周りの大人（学級担任や保護者）がどのような態度をとるかにより、Mの姿勢は変わってくる。「高校受験でリベンジだ」という言葉、「結果は不合格だったけれど、その努力は無駄になっていない」という言葉、「どこでもがんばれる逞しい心、これからはそれが必要だ」という言葉、「お母さんも悲しいの」という言葉、どれがMの気持ちにヒットするかはわからない。

学級担任としては、Mに特別声をかける必要はない。私立中学校受験のことを話題にする必要もない。中学校の学級担任は、縁あって入学してきた生徒一人ひとりを平等に扱い、その生徒の成長を支援する。いつも通りの生活を続けながら、時間をかけ、Mが起き上がってくる時を待つのである。

　長い人生を考えたとき、受験は岐路である。ただし、合格した方向に進んだ人が成功者かというとそうでもない。あの時失敗したから今の成功があるという人も多い。

基本認識・対応の原則・関連知識

- 私立中学を受験する児童は、小学校6年生時に人生初の大きな挑戦をする。
- 受験に失敗したMの自尊感情は、大きく低下している。
- いつも通りの生活を続けながら、Mが起き上がってくる時を待つ。

引用文献・参考文献

- 文部科学省　平成31年(2019)　学校基本調査

ケース No.
017

教科担任する学級に聴覚障害がある生徒がいる

ケース

　あなたは中学校1年生の数学の教科担任をすることになりました。あなたが教える学級に、聴覚障害がある男子生徒Tがいます。母親によると「音はわずかに聴こえるが、人の言葉は聴き取れない。日常生活では、話す人の唇の動きを見ることで言葉を理解しようとしている。手話はわからない。」ということでした。

解説

　聴覚に障害がある場合、音声が受け取りにくいことに起因する情報不足が生じる可能性がある。また、自分の発した音声をフィードバックできないことから、発音が不明瞭になることも多い。中学校の授業では、これらを念頭に学習支援を行うことになる。

　まず、教室の環境であるが、椅子や机を動かすときの雑音、学級内での不用意な奇声は、聴覚障害がある生徒にとってはかなりの雑音となる。学級活動の時間などにTの学習支援について話し合い、生徒も含めた学級の環境作りをする。聴覚障害がある生徒は、相手の口の動きや表情を手がかりにして音声を聞き取る。そのため教室内の座席は、黒板と授業者の口が見える場所、かつ他の生徒の動きがある程度見渡せる場所がよい。

　続いて、教員や生徒の発言である。T本人はFM補聴器を使用するが、教室内の授業では、できるだけ口の動きがTに見えるようにし、少し大きな声でゆっくり文節を区切りながら話す。とくにキーワードや重要部分は板書する、指導言の指示（たとえば、黒板を見なさい、教科書を見なさい、問題を

解きなさい、考えを発表しなさい、など）は、カードにしてTに示すなどの配慮をしなければならない。

　T自身の発音が不明瞭になる点については、専門的な指導ができる聴覚障害児学級や聾学校への通級が考えられる。学校や学年としても、Tの何に配慮し、どのように指導していくのか、保護者の希望をくみ上げながら研修を行い、理解を深めなければならない。

基本認識・対応の原則・関連知識

- 聴覚に障害がある場合、情報不足、自分の発音が不明瞭になることが生じる可能性がある。
- 生徒も含めた学級の環境作りをする。
- 教室内の授業では、できるだけ口の動きがTに見えるようにし、少し大きな声でゆっくり文節を区切りながら話す。
- 発音について専門的な指導ができる聴覚障害児学級や聾学校への通級を考える。

ケース No.
018

「僕、ゴーヤを見ると『おえっ!』ってなるねん」と言いにきた

ケース

　あなたは幼稚園の年長組の担任をしています。夏休み前のある日、園舎の日除けに栽培していたゴーヤがたくさんとれたので、子どもたちに2個ずつ配ることにしました。ゴーヤを配っていると、いつもしっかりしているSくんが「お母さんがときどきゴーヤの料理をしてくれるけど、僕、ゴーヤを見ると『おえっ!』ってなるねん。だから持って帰りたくないねん。」と言いにきました。

解説

　ゴーヤは、緑のカーテンとも言われ、日射エネルギーの遮断率が簾より高い。また、実が食べられることから、多くの幼稚園や小学校で栽培されている。4月に種植え、7月に大きく成長し、7月から8月に実の収穫、10月に枯れる、という成長サイクルである。夏の水やりは欠かしてはならず、収穫時には短期間にたくさんの実が採れる。10月の撤去作業ではつるを取り除くのがなかなかの重労働である。

　ケースの幼稚園では、収穫したゴーヤを園児に持ち帰らせた。小学校の場合、児童が輪番で水やりをして育てたゴーヤであるので、その収穫には児童にはある程度の思い入れがある。しかし幼稚園の場合、水やりは教員がするため事情は異なる。Sはゴーヤを食べたことがあり、嫌いなのであろう。幼稚園からゴーヤを貰って帰ると、母親にゴーヤを食べさせられると思い、「持って帰りたくない」と申し出たのである。

ある幼稚園では、ゴーヤを持ち帰らせる際、保護者のために子ども用ゴーヤ料理のレシピを付けている。子ども用ゴーヤチャンプル、ゴーヤのソテー、ゴーヤとツナのサラダなどがあり、保護者からは好評のようである。また園児には「ゴーヤは少し苦いのですが、これは大人の味です。みなさんも挑戦しませんか。食べられたら、先生に教えてください。」と話をするという。次の日には、多くの園児が「食べられた。」と報告に来るという。

基本認識・対応の原則・関連知識

- ゴーヤは、日射エネルギーの遮断率が高いことから緑のカーテンとも言われ、実が食べられることから、多くの幼稚園や小学校で栽培されている。
- ある幼稚園では、ゴーヤを持ち帰らせる際、保護者のために子ども用ゴーヤ料理のレシピを付けている。

ケース No.

019

児童生徒 × 省察

自宅で、大学時代の友人から紹介された生徒にピアノを教えた

ケース

あなたは中学校で音楽の教科担任をしています。ある日、隣の市で塾を経営している大学時代の友人から「塾の生徒が中学校の卒業式でピアノを弾くことになった。自信がないのでピアノを教えてくれる人を紹介してほしいと言っている。教えてやってくれないか。」と連絡がありました。ピアノには少々自信があったので、自宅に招いて教えることにしました。その生徒はたいへん練習熱心で、このような状態が卒業式まで数回、一か月ほど続きました。その生徒は毎回謝礼をもってきましたが、その受け取りは固辞しました。

解説

公務員の兼業に関わる二つの法律がある。地方公務員法第38条（営利企業への従事等の制限）には、「職員は、任命権者の許可を受けなければ、商業、工業又は金融業その他営利を目的とする私企業（中略）を営むことを目的とする会社その他の団体の役員その他人事委員会規則（中略）で定める地位を兼ね、若しくは自ら営利企業を営み、又は報酬を得ていかなる事業若しくは事務にも従事してはならない」と規定されている。また教育公務員特例法第17条（兼職及び他の事業等の従事）には、「教育公務員は、教育に関する他の職を兼ね、又は教育に関する他の事業若しくは事務に従事することが本務の遂行に支障がないと任命権者（中略）において認める場合には、給与を受け、又は受けないで、その職を兼ね、又はその事業若しくは事務に従事することができる」と規定されている。

公立学校の教員は、後者の規定が優先する。両法の規定を比較すると、行政職の地方公務員より教育公務員の方が兼業の条件が緩和されているということがわかる。後者の法律に、「教育公務員は、教育に関する他の職を兼ね、・・・」とあるが、これは塾の講師や家庭教師ができるということではない。「教育に関する他の職を兼ね」とは、具体的には、公立学校の教員が大学の非常勤講師を兼ねるとか、教育研究所の研究員を兼ねることができるということである。ただし、本務の遂行に支障がないこと、本務の公正を妨げることがないこと、本務の品位を損ねないこと、任命権者（都道府県教育委員会または政令指定都市教育委員会）が認めること、という条件を満たさなければならない。

　友人から紹介された生徒にピアノを教えるということであるが、「一人の生徒に、短期間無報酬でピアノを教える」という行為は、教育公務員特例法第17条の兼業とまでは言えない。向上心ある他校の生徒を助けるボランティアとも言える。ただしこれが拡大し、ピアノ教室を開くということになると、話は別である。

基本認識・対応の原則・関連知識

- 教員の兼業については、地方公務員法と教育公務員特例法に規定がある。
- 行政職の地方公務員より教育公務員の方が兼業の条件が緩和されている。
- 教育公務員の兼職は、いくつかの条件を満たさなければならない。
- 「一人の生徒に、短期間無報酬でピアノを教える」という行為は、兼業とまでは言えない。

引用文献・参考文献

- 地方公務員法第38条（営利企業への従事等の制限）
- 教育公務員特例法第17条（兼職及び他の事業等の従事）

計算ドリルを活用し、算数の力と学習習慣を育みたい

ケース

　あなたは小学校3年生を担任しています。4月の学年会議で、算数の演習教材として計算ドリル（毎学期1冊で1冊あたり約40頁）を購入することが決まりました。あなたは購入する計算ドリルを活用し、子どもたちの算数の力と学習習慣を育みたいと考えています。

解説

　小学校学習指導要領第2章各教科第3節算数に、算数の学習では「数量の関係に着目し、計算の仕方を考えたり計算に関して成り立つ性質を見いだしたりするとともに、その性質を活用して、計算を工夫したり計算の確かめをしたりすること」という内容が示されている。ケースでは学年の全児童が購入する計算ドリルを使うのであるが、同じ教材を同じように用いて、同じ時間指導しても、教員により教育効果に大きな差が生じることがある。

　児童の算数の学力や学習習慣を育む方法はさまざまあるが、ある公立小学校教員M教諭の実践を紹介する。M教諭は、次のような学習の仕方やきまりを児童に伝えた。

　①ドリルの計算と解答は、ドリルノートに丁寧に書きましょう。

　②ドリルは習ったところまでしましょう。

　③ドリル1ページは、3回以上解きましょう。

　④同じページを解くのは1日に1回までです。

　⑤競争ではありません。

　⑥2週間に一度、学級活動のとき、解いたページ数を先生に教えてください。

例えば1学期、この学級の児童は学級平均で120頁の学習をした。計算ドリルは40頁であるから、一人の児童が平均1頁あたり3回学習したことになる。この実践についてM教諭から聞き取りを行った結果、いくつかの特徴的な「思い」があることが明らかになった。例えば、「競争ではありません」というきまりの裏については、「上位の子どもは競争で伸びますが、一番でないから計算ドリルはもうしないという子どもを出してはいけません。」と述べられている。また、「計算ドリルでは、必ず学級にきちっとする子がおり、私が、同じページを3回するとすらすらできるようになるよね、と問いかけると、うなずいてくれます。それを周りの子どもたちは見ているのです。」と、意図的に学級という集団を使う場面についても述べられた。このようないくつかの特徴的な「思い」から、児童の学習習慣が育まれ、学年末には算数の学力が飛躍的に向上したのである。

どのような教材を選択するか、その教材をどのように使うか、これは教材使用のHow toに当たるものである。M教諭は、ここに特徴的な「思い」をもっていた。教員の「思い」が、どこにでもある教材、よくある使い方から、大きな教育効果を生み出すということができる。

基本認識・対応の原則・関連知識

- 同じ教材を同じように用いて、同じ時間指導しても、教員により教育効果に大きな差が生じることがある。
- 教材使用では、How toではなく教員の「思い」が、どこにでもある教材、よくある使い方から、大きな教育効果を生み出す。

引用文献・参考文献

- 文部科学省　平成29年（2017）　小学校学習指導要領第2章各教科第3節算数 pp.64-93
- 赤井悟　2015　教材コーディネーションによる学習意欲の育成　奈良教育大学次世代教員養成センター研究紀要第1号　pp.13-21

021

漢字の学習指導に工夫を加えたい

ケース

　あなたは小学校3年生を担任しています。3年生の国語では、200字ほど新出漢字を学習します。今までの数年間、いろいろな学年で漢字の学習を指導してきましたが、ただ「覚えなさい」と言うだけの授業は魅力がないと感じていました。今年は、その指導に工夫を加えたいと考えています。

解説

　小学校学習指導要領第2章各教科第1節国語に、漢字の学習では、「学年別漢字配当表の当該学年までに配当されている漢字を読むこと。また、当該学年の前の学年までに配当されている漢字を書き、文や文章の中で使うとともに、当該学年に配当されている漢字を漸次書き、文や文章の中で使うこと」という内容が示されている。

　児童に楽しく漢字学習をさせている公立小学校教員M教諭の実践を紹介する。M教諭は、次のような学習の仕方やきまりを児童に伝えた。

　①漢字の「とめる」「はねる」「はらう」は正確に書きましょう。

　②単元が終わるとき、10問漢字テストをします。

　③テスト前には、漢字ノートに何回も書きながら覚えましょう。

　④10点でなかった人は、間違った漢字を漢字ノートに練習、再テストをします。

　⑤学級全員が10点を取れればいいですね。

　このような漢字テストを1年間、55回行った結果、当初満点でない児童が半数程度いたが、その数は徐々に減少した。明らかに学級のレベルが上がっているのである。この実践についてM教諭から聞き取りを行った結果、いく

つかの特徴的な「思い」があることがわかった。例えば「テスト前には、漢字ノートに何回も書きながら覚えましょう」というきまりの裏には、「覚えられない漢字は、ノートが全部埋まるまで何回も練習するよう言っています。漢字ドリルは計算ドリルのように何度もさせていません。一度覚えた漢字は何度も書く必要はないからです。」と述べられている。これは学習方法の指導である。また、「子どもたちには、みんなでがんばろうね、と言っています。学期に2回ほど50問のまとめの漢字テストを行いますが、このテストで勉強が遅れがちだった子どもが満点を取ったことがありました。私はこれを全員の前で発表しました。みんなは、おっ〜、と言って拍手しました。私はさらにその子のがんばりを追認しました。このようなことがきっかけで、その子どもは他の学習にも自信をもち、表情も変わってきました。学級という集団には、子どもを伸ばす働きがあります。」と述べられている。このような指導から児童の学習意欲が育まれ、学級のレベルが上がったのである。

不登校傾向にあったある児童は、年度末の感想に「私は、一学期と二学期は、(中略)よく欠せきをしていました。(中略)でも、三学期になってからは、漢字の宿題もコツがわかって、スラスラと書けるようになって、テストの点も良くなったので、とてもうれしいです。」と述べている。この児童は、「学習を続けることで自分が伸びる」ことを経験した。同時に、不登校傾向も解消した。

基本認識・対応の原則・関連知識

- 一度覚えた漢字は、何度も書く必要はない。
- 学級という集団には、子どもを伸ばす働きがある。

引用文献・参考文献

- 文部科学省　平成29年 (2017)　小学校学習指導要領第2章各教科第1節国語 pp.28-45
- 赤井悟　2015　教材コーディネーションによる学習意欲の育成　奈良教育大学次世代教員養成センター研究紀要第1号　pp.13-21

ケース No.
022

辞書を使って子どもたちに言葉に興味をもたせたい

あなたは小学校3年生を担任しています。3年生の国語では、はじめて辞書を使用します。あなたはこれを機会に、辞書を使って子どもたちに言葉に興味をもたせたいと考えています。

解説

小学校学習指導要領第2章各教科第1節国語に、辞書の使用について、「理解したり表現したりするために必要な文字や語句については、辞書や事典を利用して調べる活動を取り入れるなど、調べる習慣が身に付くようにすること」という内容が示されている。

ここでも、児童に楽しく辞書を使わせている公立小学校教員M教諭の実践を紹介する。M教諭は、次のような学習の仕方やきまりを児童に伝えた。

①調べた言葉と意味は、意味調べノートに書きましょう。

②調べた言葉のページに付箋を貼りましょう。

③国語の授業だけでなく、生活の中でわからない言葉が出てきたら調べてもいいですよ。

④競争ではありません。

⑤2週間に一度、学級活動のとき、幾つの言葉を調べたのかを先生に教えてください。

辞書の使用は、6月頃に指導される学習事項であるが。M教諭の学級の児童は、学年末までに学級平均で350語ほどの言葉の意味を調べている。この実践についてM教諭から聞き取りを行った結果、ここにもいくつかの特徴的な「思い」があることがわかった。例えば「国語の授業だけでなく、生活の中

でわからない言葉が出てきたら調べてもいいですよ」というきまりの裏の「思い」については、「子どもたちが知る言葉が増えるのは、国語の授業のときだけではありません。テレビで歌手が歌っている歌詞の中にわからない言葉がある、そんなときも子どもたちは辞書を使います。このような習慣を作ることで、子どもたちは、すべての生活の中の言葉にアンテナを張り、言葉を意識するようになります。」と述べられている。これは、国語の指導であり、学級経営の指導でもあることを指している。さらに、「2週間に一度、学級活動のとき、幾つの言葉を調べたのかを先生に教えてください」の裏の「思い」については、「その理由の一つに、2週間に一度の自己申告の記録なら、私自身も指導を続けることができるということがあります。学校では、各教科の指導や突然の生活指導もあります。子どもたちの進捗と私の時間を考えると、2週間に一度程度が最適です。」と述べられている。チェック間隔の2週間は、M教諭の自己管理から出てきた間隔でもある。

　このような指導を受けた児童は、長期休業中の帰省のときにも辞書と意味調べノートを持ち歩いた。たくさんの付箋が貼られた辞書と意味調べノートは、たくさん勉強した証拠であり、児童の自慢になっていたようである。M教諭は、この実践についての説明を「子どもたちは最終的には自分で学習できるようにならないといけません。私が担任でなくなったときも、この姿勢が続くといいと思っています。」と締めくくっている。

基本認識・対応の原則・関連知識

- 優れた先生は、自分の使える時間を管理している。
- 児童は、最終的に自分で学習できるようにならなければならない。

引用文献・参考文献

- 文部科学省　平成 29 年 (2017)　小学校学習指導要領第 2 章各教科第 1 節国語　pp.28-45
- 赤井悟　2015　教材コーディネーションによる学習意欲の育成　奈良教育大学次世代教員養成センター研究紀要第 1 号　pp.13-21

ケース No. 023

学年会議で生徒の服装が議論になった

ケース

　あなたは中学校2年生を担任しています。その中学校の夏服は、男子は半そでカッターシャツとズボン、女子は半そでブラウスとスカートで、1年生のときから、それぞれの上着をズボンやスカートの中に入れる指導をしてきました。ところが、2年生で夏服になったとき、上着を外に出す生徒が増えてきました。ある日の学年会議で、このことについて次のような議論がありました。「1年生からの指導を徹底すべきである。」「服装にこだわっている生徒もおり、全担任が指導しきれるのか。」「近年は、上着を外に出す服装が主流である。」「生徒の行動に押されて、生徒指導の基準を甘くしてはいけない。」

解説

　生徒が心身の発達途上にあること、学校が集団生活の場であることから、学校には一定のきまり（校則）が必要である。校則には、学校が教育目標を実現するために必要とする学習上、生活上のきまりが記されている。生徒には社会規範遵守の指導が必要であり、社会通念に照らして合理的と思われる校則は、教育的意義を有している。

　明文化されているか否かには拘わらず、生徒の服装にきまりがあるのなら、それも校則の一つである。学年会議の議論は、昨年からの指導を堅持すべきという意見（指導を徹底すべき、基準を甘くしてはいけない）と、それを変更しようという意見（指導しきれるのか、服装の主流）が対立している。社会環境や生徒の状況は時代とともに変化するため、生徒の服装のきまりを見直すことを躊躇してはいけない。しかし、年度途中に生徒に押し

切られるような形で変更するのはおかしい。1年生や3年生にも関係する学校全体のことであるので、生徒指導部で話を進めなければならない。

　服装については、生徒同士が意見を出し合う機会を設けたり、保護者の意見をアンケート集計したりという方法もある。教員が決めたり指導する服装から、生徒・保護者の参画による服装への変更である。校則の見直しは、最終的には校長の権限であるが、その指導内容や必要性は、教員・生徒・保護者間で共通理解することが重要である。

基本認識・対応の原則・関連知識

- 生徒が心身の発達途上にあり、学校が集団生活の場であることから、学校には一定のきまりが必要であり、校則は教育的意義を有する。
- 社会環境や生徒の状況は時代とともに変化するため、生徒の服装のきまりを見直すことを躊躇してはいけない。
- 校則の見直しは校長の権限であるが、その指導内容や必要性は、教員・生徒・保護者間で共通理解することが重要である。

引用文献・参考文献

- 文部科学省　平成22年(2010)　生徒指導提要　第7章生徒指導に関する法制度等 pp.192-193

児童生徒 × 混迷

私立中学受験前の児童が荒れている

ケース

あなたは小学校6年生を担任しています。あなたの学級の男子児童Nは、来春私立中学を受験する予定なのですが、塾での成績が芳しくないようで落ち着きません。12月のある理科の授業中などは、周りの児童を巻き込んで話をし、授業を妨害しました。そのために説明を聞き漏らした児童Mが「先生、もう一度説明してもらえませんか？」と質問したことに対し、NはMに「耳、遠いんちゃうか！」と発言しました。一方、テストなどの筆記試験ではほとんどが満点です。

解説

平成31年の文部科学省学校基本調査によると、私立中学校に通う中学生は、全国平均で7.3%、東京都24.8%、大阪府9.5%であり、この率は年を追うごとに増加している。これらの中学生の多くは、小学校6年時に受験を経験している。

高校受験は、ほとんどの生徒が中学3年生時に経験する。中学校3年の学級にも、成績が伸び悩む生徒はいるが、一人だけではなく、学級全体で不安や辛さを共有できる。学級には、みんなでがんばろうという機運が生まれるのである。しかし、ケースのような中学校受験では、学級の多くの児童が公立中学校へ進学する中であるので、成績が伸び悩む児童は、その不安や辛さを個人で抱えてしまうことになる。そこに、塾からの圧力がある、保護者からの圧力があるということになると、不安のはけ口はない。Nもそのような一人であると考えられる。

　一方学級担任は、周りの児童を巻き込んでの授業妨害、「耳、遠いんちゃうか」という暴言は、決して許してはいけない。Nの心情は理解できるが、授業は学級全員のものであり、Nを中心に行われているのではない。指導としては、間髪入れずその場で注意し、さらに時間をおいてNを呼び出す。学級担任は学級全員を守らなければならないのである。学級でのNの言動は保護者とも共有する。一方中学校受験については、学級担任もNの合格を願っている。学級担任と保護者は、児童の指導では同じ方向を向いている必要がある。

基本認識・対応の原則・関連知識

- 私立中学校に通う中学生は全国平均で7.3％である。
- 中学校受験では、成績が伸び悩む児童は不安のはけ口がない。
- 暴言に対しては、間髪入れずその場で注意し、さらに時間をおいてNを呼び出す。
- 学級担任と保護者は、児童の指導では同じ方向を向いている必要がある。

引用文献・参考文献

- 文部科学省　平成31年（2019）　学校基本調査

ケース No.
025

児童が机の下に潜り込み、出てこない

ケース

　あなたは小学校に勤務しています。新年度になり、5年生を担任すること
になりました。4月のある日、3時間目の国語の授業を始めようとしたとき、
男子児童Tが机の下に潜り込んでいるのに気がつきました。「どうしたの？」
と尋ねても、Tの反応はありませんでしたが、近くの児童が「Tは、いやな
ことがあるといつもそうやで。」と言いました。Tについては、4年生時の学
級担任から、発達障害のような行動特性があると思われると引継ぎを受けて
いました。

解説

　発達障害という診断は、医療機関が行うものである。学校には、診断を受
けた児童と診断は受けていないが発達障害の行動特性が見られる児童が混在
している。しかし学校においては、診断のあるなしは大きな問題ではない。
発達障害傾向がある児童への指導は、コミュニケーション面、行動面、学習
面の課題に対して、環境の改善、心理的な介入などを行うことで、児童が以
下のような行動がとれることを目標とする。

　①本人が混乱せずに行動することができる。

　②他の人や社会と良好な関りをもつことができる。

　③自尊感情、自己効力感をもちながら前向きに生活できる。

　発達障害傾向にある児童は、嫌なことや不快なことに出会ったとき、暴れ
る（攻撃）、固まる（逃避）という行動に出ることがある。Tの「机の下に潜り
込む」は逃避行動である。学級担任としてはその行動だけに注目せず、きっ

かけになったことや前後の言動を洗い出し、なぜ「机の下に潜り込む」という適切でない行動を行ったのかの要因を見つけなければならない。たとえば、車椅子に乗った人が階段の前で止まっていたとする。なぜ「止まっているのか」は見ればわかる。どうすれば支援になるかもわかるであろう。しかし、発達障害は見えないのである。「机の下に潜り込む」という行動にも必ず理由がある。たとえば「自分の行動が注意された」「一生懸命やったができなかった」「やるべきことが嫌である」などである。それは「自分勝手」な考え方であることもあり、学校という小社会では通用しないこともあるが、これが理由なのである。理由がわかれば、次の支援を考えるヒントになるであろう。

　ある学級担任は、このような児童に対して「ごゆっくり。」と声をかけ、児童の気持ちが落ち着くのを待った。数分後、児童は自分から出てきた。その後、本人や周りの児童から何があったかを聞き出すのである。児童は一人ひとりが異なる。不適切な行動の原因も、児童により異なる。しかし、多くの児童の指導を丁寧に続けるうちに、教員は対応の方法を身に付けていくのである。

基本認識・対応の原則・関連知識

- 発達障害という診断は、医療機関が行う。
- 学校における発達障害傾向がある児童の指導とは、環境の改善、心理的な介入などを行うことで、児童が適切な言動ができるようにすることである。
- 発達障害は見えない障害であるが、不適切な言動には理由がある。

引用文献・参考文献

- 文部科学省　平成22年（2010）　生徒指導提要　第6章生徒指導の進め方　pp.160-163

026

保護者の学校不信で不登校という子どもが転入してきた

ケース

　あなたは、小学校で5年生を担任しながら特別支援教育コーディネーターをしています。ある日、4年生に不登校傾向の男子児童Kが転入してきました。Kの父親は前の小学校に不信感をもっていました。4年生は3学級ですが、校長は保護者の要求に沿い、事前にそれぞれの授業を保護者に参観させ、Kに相応しい学級を選択させました。Kはしばらく順調に登校していましたが、懇談時に学級担任が「Kくんの発想はおもしろいから、インターナショナルスクールにでも行くといいと思う。」と発言したことや、学校がその発言を放置したことが原因で、父親が「こんな学校へ行かせることができない。」と憤慨し、Kを学校へ行かさなくなりました。

解説

　課題がある児童生徒が転入する時、前の学校からその状況の事前連絡があることが多い。受け入れ校は、児童生徒が通常の学校生活が送れるよう課題と自校の状況を分析し、できる限りの体制で受け入れることになる。

　校長はこの状況に対して、保護者にKが転入する学級を選択させるという対応をした。通常、学級替えや転入のとき、児童は学級や担任を選ぶことはできず、担任も児童を選ぶことはできない。この校長の対応には、Kや保護者の状況を勘案したとしても、公平性という観点から疑問がある。その結果、父親は「この学校は、強く要求すると自分の意に沿う対応をしてくれる」という感触をもったと推察できる。

　また懇談時の「インターナショナルスクールにでも行くといいと思う」とい

う学級担任の発言は、折角新しい学校でがんばっているKに対して、別の学校に行った方がいいと言っているようなものである。この学級担任は、一つの不用意な言葉が児童をいかに傷つけるかを認識する必要がある。

　特別支援教育コーディネーターとしては、ケース会議を開き、父親への介入の方法を探らなければならない。このままでは父親は、学校教育法第17条（就学させる義務）に「子の満六歳に達した日の翌日以降における最初の学年の初めから、満十二歳に達した日の属する学年の終わりまで、これを小学校（中略）に就学させる義務を負う。（後略）」と規定される就学義務違反になる。さらに、学校教育法施行令第21条（教育委員会の行う出席の督促等）には、「市町村の教育委員会は、（中略）保護者が法第17条（中略）に規定する義務を怠っていると認められるときは、その保護者に対して、当該学齢児童又は学齢生徒の出席を督促しなければならない」と規定されており、督促に応じなかった場合は、児童虐待防止法第2条（児童虐待の定義）のネグレクトとして児童相談所に通告されることになる。

基本認識・対応の原則・関連知識

- 学級替えや転入のとき、児童は学級や担任を選ぶことはできず、担任も児童を選ぶことはできない。
- 学級担任の不用意な言葉が児童を傷つけることがある。
- 保護者は、就学させる義務に違反し、教育委員会の行う出席の督促に応じなかった場合、ネグレクトとして児童相談所に通告される。

引用文献・参考文献

- 学校教育法第17条（就学させる義務）
- 学校教育法施行令第21条（教育委員会の行う出席の督促等）
- 児童虐待防止法第2条（児童虐待の定義）

ケース No.
027

雑誌の広告を見てバッグを買ったが返品したいと相談があった

　あなたは小学校6年生を担任しています。ある日、児童の母親から次のような相談を受けました。「うちのRは、雑誌の広告を見てバッグを買ったのですが、思っていたものと違い返品したいと言っています。代金は3,500円で、もう郵便局から振り込んでしまったようです。このことを今まで私は知りませんでした。先生、何かいい方法はありませんか。」

解説

　民法第5条（未成年者の法律行為）には「未成年者が法律行為をするには、その法定代理人の同意を得なければならない（後略）」とある。未成年が通信販売により商品などを購入する際に、法定代理人の同意を得ておらず、法定代理人があらかじめ許諾した範囲（小遣い程度）を超えている場合には、未成年者による契約を理由として取り消すことができるというものである。

　ケースの相談について、原則的に学級担任が関与することではない。しかし相談されたからには、「私は専門家ではありませんよ。」と前置きしたうえで、知る限りのことや相談機関を伝えるのがよい。母親もR本人も反省しているからである。

　民法第5条（未成年者の法律行為）の他に、クーリング・オフ制度がある。消費者が訪問販売などで商品を購入した後、考え直して購入を止めたいと思ったとき、一定の期間内であれば購入の解除ができるという制度である。しかしその除外事項に通信販売がある。通信販売は、業者側から不当な圧力

や影響を受けることが比較的少ないからである。

　これ以上のことは専門機関に相談するしかない。もっとも身近なものは、独立行政法人国民生活センターが運営する消費者ホットライン（直通電話188）である。商品やサービスなど、消費生活全般に関する苦情や相談を受け付け、公正な立場から処理にあたっている。

基本認識・対応の原則・関連知識

- 未成年の通信販売による商品の購入は、未成年者による契約を理由に取り消すことができる。
- 訪問販売などで購入した商品は、一定の期間内であればクーリング・オフできる。
- 通信販売はクーリング・オフの除外事項である。
- 消費者ホットラインでは、消費生活全般に関する苦情や相談を受け付け、公正な立場から処理にあたっている。

引用文献・参考文献

- 民法第5条（未成年者の法律行為）

携帯電話ゲームで有料と知らずにアバターを購入した

ケース

あなたは小学校5年生を担任しています。ある日、男子児童Yの保護者から次のような相談を受けました。「先週の日曜日、Yが勝手に父の携帯電話でゲームをしていたときに、有料と知らずにアバターを購入したようで、お父さんに高額な請求がきました。父は激怒して収まりません。家の中もいやな雰囲気です。購入を取り消すことはできないのでしょうか。」

解説

アバターとは、自分の分身として画面上に登場するキャラクターで、髪型や服装などを自分の好みで選択できることが多い。民法第5条（未成年者の法律行為）には「未成年者が法律行為をするには、その法定代理人の同意を得なければならない（後略）」とある。サイトを利用したのが未成年であることを理由に、アバターの購入を取り消すことができるということである。一方、民法第21条（制限行為能力者の詐術）では、「制限行為能力者が行為能力者であることを信じさせるために詐術を用いたときは、その行為を取り消すことができない」とある。児童が自分の年齢を偽ってゲームをしていた（アバターを購入した）ときは取り消すことは難しくなる。

ケースの相談については、原則的には学級担任が関与することではない。しかし相談に来た母親に「それは家庭のことです。私の仕事ではありません。」とも言うのも気の毒である。Yに関わることだけに、できるかぎり相談に乗ることになろう。現実的には、専門機関への相談を勧めるしかない。もっとも身近なものは、独立行政法人国民生活センターが運営する消費者ホットラ

イン（直通電話188）である。商品やサービスなど、消費生活全般に関する苦情や相談を受け付け、公正な立場から処理にあたっている。

　無料と謳われているゲームサイトは、サイトへの接続は無料であっても、ゲーム内のサービスやアイテムの購入は有料の場合がある。後にクレジット決済などで支払われるため、ゲーム中は意識しにくいことがある。Yは、このようなゲームをしていたと考えられる。

基本認識・対応の原則・関連知識

- サイトを利用したのが未成年であることを理由に、アイテムの購入を取り消すことができる。
- 児童が自分の年齢を偽ってゲームをしていたときは、取り消しは難しい。
- 消費者ホットライン（直通電話188）では、消費生活全般に関する苦情や相談を受け付け、公正な立場から処理にあたっている。

引用文献・参考文献

- 民法第5条（未成年者の法律行為）
- 民法第21条（制限行為能力者の詐術）

ケース No.
029

児童生徒 × 混迷

紛失したレンタルカードが不正使用され、高額の延滞料が発生した

ケース

　あなたは中学校 2 年生を担任しています。ある日、近くのレンタルビデオ店から次のような連絡がありました。「そちらの T という生徒が、借りた DVD 3 枚を返さず、2 週間の延滞料が 18,000 円となっている。家へ連絡してもつながらないので学校へ連絡した。親と来店するように伝えてほしい。」早速本人に確認すると「1 ヶ月ほど前にレンタルカードを紛失しており、もちろん DVD を借りた覚えもない。」ということでした。

解説

　レンタルカードが不正に使用され、DVD が長期間にわたって返却されなかったとき、レンタルショップは高額の DVD を失ったことになり、多額の損害が発生する。レンタルカードは本人ではない者に不正に使用されたのであるから、カード所持者と店の間で貸借契約は成立していない。しかし、カード所持者がカードの保管義務を怠ったことにより損害が生じたことになり、それを賠償する責任が生じる。

　学級担任としては、保護者に T 同伴でレンタルショップに行くよう連絡する。T はレンタルカードの紛失に気付いた時、すぐにレンタルショップに連絡し、カードを無効にしてもらうべきであった。同時に、どこかで拾得されたときに連絡がもらえるよう警察署にも連絡しておくべきであった。今後、自分にどのようなことが起こるのか、自分を守るためにどのような行動をとるべきかの知識がなかったものと思われる。ただ、ほとんどのレンタルショッ

72

プは、このような場合のために保険に入っており、損害は保険で補填されることが多い。

　社会的なリテラシーという言葉がある。これは、基本的な生活習慣を始めとする日常生活や規範意識、公共の精神、社会の中で生活するために必要な能力で、生徒指導の最終目的であると言われている。レンタルカードを紛失した場合は「一刻も早くレンタルショップと警察署へ連絡し、不正使用の防止に努めなければならない」というのもそのリテラシーの一つである。

基本認識・対応の原則・関連知識

- 紛失したカードが不正に使用されたとき、カードの保管義務を怠ったことにより損害が生じたことになり、それを賠償する責任が生じる。
- ほとんどのレンタルショップは、不正使用があった場合のために保険に入っており、損害は保険で補填されることが多い。
- 社会的なリテラシーとは、社会の中で生活するために必要な能力で、生徒指導の最終目的である。

引用文献・参考文献

- 文部科学省　平成22年（2010）　生徒指導提要　第8章学校と家庭・地域・関係機関との連携　pp.212-217
- 子どもの権利に関する研究会編　2017　Q&A子どもをめぐる法律相談　子どもが紛失したレンタルカードが利用され高額請求をされた場合の対応は　新日本法規　pp.653-655

ケース No.
030

保護者 × 省察

父親から「うちの子が非礼なことをしたら殴ってもらってもいい」と言われた

ケース

　あなたは中学校3年生を担任しています。5月の家庭訪問期間中、男子生徒Mの家に行くとたまたま父親がおり、あなたは両親と話す機会がありました。父親は建築関係の会社を経営しており、その言動からまっすぐな人との印象を受けました。その中で父親から、「Mはいずれ社会に出て働くが、そのとき一番大事なことは人に対する礼儀だと思っている。もしあいつが非礼なことをしたら殴ってもらってもいい。遠慮はいらない。」と言われました。

解説

　「殴ってもらってもいい。遠慮はいらない」をそのまま実行すると、体罰である。保護者の許可の有無の問題ではない。学校教育法第11条（児童、生徒等の懲戒）では、「校長及び教員は、教育上必要があると認めるときは、（中略）児童、生徒、及び学生に懲戒を加えることができる。但し、体罰を加えることはできない」と、体罰を明確に禁止している。

　近年、小学校や中学校で「おやじの会」という組織が作られている。PTAが実質的に強制参加の母親中心の組織であるのに対して、おやじの会は任意参加の父親中心の組織である。そのため、会員は何事にも前向きであり、結束力が強い。ある校長は、おやじの会の会員約30名に、「学校は、あなたのお子さんをどのような人間に育てるべきか？」という質問紙を配り、回答を求めた。その結果、大半を占めたのが「挨拶ができる人間」「礼儀正しい人間」という回答であった。「学力が高い人間」という回答は一枚もなかった。「挨

挨ができない人間には仕事が来ない」「非礼な人間についていく者はいない」ということであった。おやじの会の会員は、長く社会で過ごした経験から、社会生活で最も大切なことは、挨拶であり礼儀であると回答したのである。ケースの父親も同様であろう。

　ケースの父親の言葉をそのまま受け取るわけにはいかないが、教員や生徒が父親の気持ちを知るきっかけとなる。Mは中学校3年生である。進路選択に際し、父親の考えを真剣に受け止めることができるであろう。

基本認識・対応の原則・関連知識

- 「殴ってもらってもいい。遠慮はいらない」をそのまま実行すると、体罰である。
- おやじの会は、任意参加の父親中心の組織である。
- おやじの会の会員は、社会生活で最も大切なことは、挨拶であり礼儀であると回答した。

引用文献・参考文献

- 学校教育法第11条（児童、生徒等の懲戒）

031

保護者 × 省察

母親から「こんな傷すぐに治りますからいいですよ」と言われた

ケース

あなたは小学校2年生を担任しています。ある日の休憩時間、男子児童Tの投げた定規が女子児童Fの顔に当たり、頬がはれ1cmほどの傷ができました。慌ててFを保健室に連れて行き養護教諭に診てもらうと、幸い傷は頬だけで、傷の手当だけで済みました。すぐにFの保護者に連絡し、放課後家庭訪問して経緯を話したところ、Fの母親は「学校にはいろいろな子どもがいて先生もたいへんですね。こんな傷すぐに治りますからいいですよ。わざわざありがとうございます。」と言われました。

解説

Tに「何で定規なんか投げんの！」と言いたいところである。児童の思いがけない行動が事故を引き起こすことがある。学級担任は、いつも突然の事故に対応できる判断力を身に付けていなければならない。

ケースの文面からは、頬の傷がどのようなものかはわからない。このような事故では、まず傷が目に及んでいないかを確認する。皮膚の下には皮下組織があるが、定規が当たって皮膚が破れた場合、傷口に細菌が付着する可能性があるので消毒する。もし、Fの痛みが引かない、あるいはショックを受けている場合には、保健室で安静にさせる。その後学級担任は、Tや周りにいた児童からFが受傷した際の詳細な状況を聞き取り、時系列に沿って記録する。いつ、どこで、何のどの部分が、どのくらいの強さで当たったのか、そのときFがどちらを向いていたかなどである。このような情報が、傷の範

囲や程度を推測するために必要になる。これらを校長に報告、さらにＴの保護者にも連絡する。また、Ｆの帰宅後家庭訪問し、経緯を説明する。

　Ｆの母親からは「すぐ治りますからいいですよ」と言われた。学級担任としてはホッとする言葉である。これは、Ｆの母親が学級担任を信頼している証である。しかし、傷の治療やＴの指導は粛々と行い、Ｔの保護者にも状況を連絡する。顔の傷は、いつもこのように収束するとは限らない。

基本認識・対応の原則・関連知識

- 学級担任は、いつも突然の事故に対応できる判断力を身に付けていなければならない。
- Ｔや周りにいた児童からＦが受傷した際の詳細な状況を聞き取り、時系列に沿って記録する。
- Ｔの保護者に状況を連絡する。
- 「すぐ治りますからいいですよ」は、Ｆの母親が学級担任を信頼している証である。

ケース No.
032

保護者から、私立中学の受験が終わるまで休ませると電話があった

ケース

　あなたは小学校6年生を担任しています。3学期が始まったある日、私立中学校受験予定の3人の児童の保護者からほとんど同時に、「受験が終わるまでの1週間、学校を休ませます。この間、塾では朝から集中授業がありますし、体育などで事故があると困りますから。」との電話がありました。あなたは、「そうですか〜。」と応えたものの、何か腑に落ちないものを感じました。

解説

　学校教育法第17条（就学させる義務）には、「保護者は、子の満六歳に達した日の翌日以降における最初の学年の初めから、満十二歳に達した日の属する学年の終わりまで、これを小学校（中略）に就学させる義務を負う（後略）」と保護者の義務を規定している。これにより、保護者が児童を私立中学校受験のため学校へ行かせないということは認められない。

　平成31年の文部科学省学校基本調査によると、私立中学校に通う中学生は、全国平均で7.3%、東京都24.8%、大阪府9.5%であり、この率は年を追うごとに増加している。これらの中学生のほとんどは、小学校6年時に中学受験をしている。通常小学校では中学校受験のための指導は行わないので、私立中学受験者は塾に通っている場合が多い。

　ある塾では、6年生の3学期は私立中学受験のため、小学校を休むのが暗黙のルールになっているといい、その理由は、「直前の集中した受験勉強」「インフルエンザなどの病気が心配」「骨折などの怪我が心配」などである。保護

者が「学校を休ませます」と連絡してきた場合、事実上小学校としては拒否できない。指導要録上は、「事故欠」扱いである。一方、中学受験のため欠席という考えに対しては、反論がある。社会では目的のためなら何をしても良いということはなく、ある制約の中で最適、最善をめざし、成果を出すものである。児童は今後、このような社会に出ていくのに、保護者が「目的のためには手段を選ばず」的な行動を教えていいのか、というものである。

中学校を受験するのは、児童本人である。児童が望んでいるのではなく、保護者の押しつけであれば大きな問題が残る。

第1章

教諭編

基本認識・対応の原則・関連知識

- 保護者は、子を小学校に就学させる義務を負う。
- 保護者が「学校を休ませます」と連絡してきた場合、事実上小学校としては拒否できない。
- 保護者が「目的のためには手段を選ばず」的な行動を教えていいのかという反論がある。

引用文献・参考文献

- 学校教育法第 17 条 (就学させる義務)
- 文部科学省　平成 31 年 (2019)　学校基本調査

父親が、裸足での団体演技に「靴を履かせてもいい のではないか」と言ってきた

ケース

あなたは小学校 5 年生の担任をしています。10 月初旬に運動会があり、5 年生は団体演技として「南中ソーラン」を計画しています。9 月中旬のある日、あなたの担任する児童の父親から電話があり、「子どもが足の裏が痛いと言っている。南中ソーランの練習を裸足でしているからだと言っている。組み立て体操が裸足というのはわかるが、南中ソーランは靴を履かせてもいいのではないか。なぜ裸足なのか。」とのことでした。

解説

「南中ソーラン」は、北海道の民謡であるソーラン節を、ロック調に編曲した曲と踊りで、北海道稚内市立稚内南中学校の教員と生徒が考案したと言われている。そのテンポの良さ、衣装の奇抜さ、躍動を感じさせる振り付けが人気となり、全国の小中学校の運動会、体育大会の集団演技に取り入れられている。

南中ソーランは、通常裸足で演技する。ケースでは、このことに一人の児童の父親が「足が痛いと言っているので靴を履かせてもいいのではないか」と言ってきたのである。ダンスなどの集団演技の計画時点で、教員はそれぞれの演技に相応しい服装を用意する。それが南中ソーランでは、集団の美しさをより際立たせるため裸足だったのである。このような演技や競技のケガを防ぐため、学校では運動会前に小石拾いをする。少し高所からの物言いになるが、「足が痛い」なら、我慢すればいい、「足が汚れる」なら、後で洗えばよ

いのである。そこから児童は、日常の生活では味わえない感覚や一体感を経験するのである。

　保護者の中には、学校の指導の些細な点に「クレーム」「提案」「進言」する人がいる。学校は社会の変化に応じてその教育を変えていかなければならないが、教育の不易な部分、指導者の意図も存在する。学級担任はこれらを咀嚼し、丁寧に保護者に説明しなければならない。保護者のこのような発言の背後に、学校不信が隠れていることがあるからである。

基本認識・対応の原則・関連知識

- 「南中ソーラン」は、北海道の民謡であるソーラン節を、ロック調に編曲した曲と踊りである。
- ダンスなどの集団演技の計画時点で、教員はそれぞれの演技に相応しい服装を用意する。
- 保護者の「クレーム」の背後には、学校不信が隠れていることがある。

「障害がある児童は登校班の班長にできない」と保護者が言った

　あなたは小学校に勤務しています。あなたが担当する地区の登校班は、次期6年生が2人で、一人は特別支援学級に在籍する児童R、もう一人は発達障害があると思われる児童Sです。来年度の登校班の班長を決める時期、Sの母親から相談がありました。ある保護者Mが次期班長について、「Sを班長にすると、登校時に班員を危険にさらすことになる。しかし、Rを班長にということは考えられない。次期班長は5年生から選ぶのがよい。」と発言しているというのです。Sは自分が班長になるつもりで、いろいろと登校のことを考えているようだが、母親としてはどのように動けばよいか、というものでした。

　発達障害は、発達障害者支援法第2条(定義)に「(前略)『発達障害』とは、自閉症、アスペルガー症候群その他広汎性発達障害、学習障害、注意欠陥多動性障害その他これに類する脳機能の障害であってその症状が通常低年齢において発現するもの(後略)」と定義されている。さらに同法第2条の2(基本理念)では、「発達障害者の支援は、全ての発達障害者が社会参加の機会が確保され(中略)、地域社会において他の人々と共生することを妨げられないことを旨として行われなければならない」とあり、社会参加の機会の確保が明記されている。

　発達障害はASD(コミュニケーション、社会性、興味に特異性が認められ

る広汎性発達障害）、LD（聞く、話す、読む、書く、計算する、推論する能力の内、特定のものの習得と使用に著しい困難をきたす学習面の発達障害）、ADHD（年齢に相応しくない不注意、多動性、衝動性を特徴とする行動面の発達障害）などに分類され、様々な特性がある。保護者Mの「登校時に班員を危険にさらすことになる」は、Sの言動すべてを否定的に捉えるSへの差別である。「全ての発達障害者が社会参加の機会が確保されること」が発達障害者への支援であることを考えると、どの児童にも班長になる機会が与えられなければならない。

　発達障害がある児童の保護者は、大きな不安を抱えている。Sの母親の相談には、根底にこの不安があり、地区担当教員への信頼がある。地区担当教員としては、発達障害者支援法の理念やSの母親の不安を十分に受け止めなければならない。Sに班長としての行動を練習させたり、Sが失敗したときの周囲の児童の行動を指導するなど、具体的な対応が求められる。

　インクルーシブという言葉がある。これは、障害の有無にかかわらず、全ての児童生徒が地域の学校に通い、必要な教育を受けることができることを示すものであり、今後の障害児教育の方向を示している。

基本認識・対応の原則・関連知識

- 発達障害者支援法第2条（定義）には発達障害が定義され、同法第2条の2（基本理念）には、社会参加の機会の確保が明記されている。
- 保護者Mの発言は、Sの言動すべてを否定的に捉えるSへの差別である。
- 発達障害がある児童の保護者は、大きな不安を抱えている。
- インクルーシブという言葉は、今後の障害児教育の方向を示している。

引用文献・参考文献

- 発達障害者支援法第2条（定義）
- 発達障害者支援法第2条の2（基本理念）
- 文部科学省　平成22年（2010）　生徒指導提要　第6章生徒指導の進め方　pp.160-163

035

保護者 × 混迷

家庭生活を計画できない保護者がいる

ケース

あなたは小学校6年生を担任しています。ある日、2年生、4年生、6年生の3兄弟の転入があり、その一人Yがあなたの学級に入りました。早く学校に慣れるようにと学級の児童に声をかけてもらっていましたが、ある時「Yが家でご飯しか食べていないときがある。」という話を聞きました。すぐに家庭訪問をして母親から事情を聴くと、「お父さんの給料日は25日で、その時に生活費をもらうのですが、次の月の17日、18日頃にお金がなくなり、おかずが買えないんです。」という返答でした。

解説

基本的な生活習慣は、人間の態度や行動の基礎となるもので、児童生徒の社会的自立や自己実現のためにたいへん重要である。この生活習慣は、家庭生活に関わるものと学校生活に関わるものに分けられる。家庭生活に関わるものとして、食事習慣、睡眠習慣、運動習慣、排泄習慣など、学校生活に関わるものとして、時間を守る、物を大切にする、あいさつや礼儀、授業規律や態度などがある。

ケースの家庭では、少なくとも食事習慣が確立されていない。母親はこの原因を正直に述べていることから、悪気はなく隠蔽しようとも思っていない。このような家庭生活支援は、学級担任の仕事ではない。学級担任は、すぐにこの状況を生活指導部長に連絡し、ケース会議の開催を要請する。ケース会議には、校長（教頭）、生活指導部長、学年主任、学級担任の出席はもとより、市に配置されているスクールソーシャルワーカーや地域の民生児童委員の出

席も依頼する。ケース会議の目的は、母親の支援と家庭生活の確立であり、そのために母親に関するさまざまな情報を収集する。

　ケースの場合、母親が食事習慣だけでなく、家庭生活全体が計画できないことが判明した。その原因は母親の知的障害であった。母親は両親とはすでに死別し、姉がいるようであるが遠方に居住していた。父親は母親に生活費を渡すだけで、家庭生活には無関心である。父親は両親とは絶縁して20年以上経過しており、両親の居所も不明であった。ケース会議の後、近隣に住む民生児童委員が買い物の仕方から教えていたが、その家族は間もなく転居した。母親支援の方向としては正しかったと思われるが、その結果は不明である。

基本認識・対応の原則・関連知識

- 基本的な生活習慣は、児童生徒の社会的自立や自己実現のためにたいへん重要である。
- 状況を生活指導部長に連絡し、ケース会議の開催を要請する。
- ケース会議には、学校の教職員だけでなくスクールソーシャルワーカーや民生児童委員の出席も依頼する。

引用文献・参考文献

- 文部科学省　平成22年(2010)　生徒指導提要　第6章生徒指導の進め方　pp.142-144

036

保護者 × 混迷

一週間に一度程度、母親からの連絡で休む児童がいる

ケース

　あなたは小学校2年生の担任をしています。あなたの学級に、一週間に一日程度の割合で欠席する女子児童Cがいます。その児童が欠席するときは、当日の朝、母親から学校へ「Cの体調が優れないので学校を休ませ、病院へ連れて行きます。」という電話があります。しかし、次の日のCはいたって元気で、休んでいるときの様子を聞くと「お母さんと病院へ行ったけど、薬はもらわなかった。あとは家でテレビを見ていた。」と言います。学校でのCは、友だちも多く活発で、学習にも積極的です。

解説

　文部科学省は不登校を、「何らかの心理的、情緒的、身体的、あるいは社会的要因・背景により、児童生徒が登校しないあるいはしたくともできない状況にあるために30日以上欠席したもののうち、病気や経済的な理由によるものを除いたもの」と定義している。この定義にある「心理的、情緒的、身体的、あるいは社会的要因・背景」は、それぞれの児童生徒により異なり、非常に多様である。

　ケースの場合、母親の言動が気になる。学級担任は、「体調が優れない」原因は何か、病院でどのように診断されたのか、午前中病院へ行ったのであれば午後から登校できたのになぜ「テレビを見ていた」のか、を母親から聴き取る。学級担任だけで明らかにできない場合は、生活指導部長にケース会議開催を要請する。実際のケース会議では、Cと母親の精神科受診という対応が出された。両者が受診した結果、母親に代理ミュンヒハウゼン症候群の可能

性があると診断された。

　代理ミュンヒハウゼン症候群とは、「保護者が子どもを病気であると装ったり、あるいは人為的に子どもの体調を悪化させて、子どもに不必要な検査や診療を受けさせる」という精神疾患の一つである。その根底には、病気の子どもを献身的に看護するけなげな親、悲劇的な親を父親や親戚に演じ、賞賛を受けることを望んだり、日常生活から逃避するという心の動きがある。児童虐待との関係では、身体的虐待の一つと考えられる。このままではCの登校は母親によって妨害され続ける。

　しかし、母親の精神疾患の対応は、学級担任や学校はできない。学校としては、「通院の結果とその時の様子」「母親の発言」などを時系列に沿って記録し、スクールソーシャルワーカーや民生児童委員に連絡することになる。改善しない場合は、虐待として児童相談所へ通告しなければならない。

基本認識・対応の原則・関連知識

- 不登校は、「何らかの心理的、情緒的、身体的、あるいは社会的要因・背景により、児童生徒が登校しないあるいはしたくともできない状況にあるために30日以上欠席したもののうち、病気や経済的な理由によるものを除いたもの」と定義される。
- 母親に、代理ミュンヒハウゼン症候群の可能性がある。
- 母親の精神疾患の対応は、スクールソーシャルワーカーや民生児童委員と連携する。

引用文献・参考文献

- 文部科学省　平成22年（2010）　生徒指導提要　第6章生徒指導の進め方　pp.187-189
- 子どもの権利に関する研究会編　2017　Q＆A子どもをめぐる法律相談　「代理によるミュンヒハウゼン症候群」とは　新日本法規　pp.94-96

第1章

教諭編

87

ケース No. 037

「父親が帰ってないのではないか」との連絡があった

ケース

あなたは小学校1年生を担任しています。あなたの学級に、父親と2人で生活している男子児童Hがいます。学校で必要な体操服、上靴、靴袋などが用意されないので父親に連絡すると、「仕事が忙しいので準備できませんでした。すいません。」と謝罪します。2学期になり、「今日、休ませます。」と父親からの連絡はありますが、欠席する日が増えてきました。12月のある日、地域の民生児童委員の方から「父親が帰っていないのではないか。」との情報が入り、すぐに家庭訪問すると、Hは布団にくるまって寝ていました。

解説

児童虐待防止法第2条（児童虐待の定義）には、「この法律において、『児童虐待』とは、保護者（中略）がその監護する児童（中略）について行う次に掲げる行為をいう。（略）三　児童の心身の正常な発達を妨げるような著しい減食又は長期間の放置、保護者以外の同居人による同様の行為の放置その他保護者としての監護を著しく怠ること」と定義されている。児童虐待は、身体的虐待、性的虐待、ネグレクト、心理的虐待に分類されるが、上記はネグレクトの定義である。また、同法第6条（児童虐待に係る通告）には、「児童虐待を受けたと思われる児童を発見した者は、速やかに、これを（略）児童相談所に通告しなければならない」と規定されている。

父親と1年生児童の家庭で、父親が帰っていないとなると「監護を著しく怠ること」に該当する。すぐに校長、教頭に連絡し、学校から児童相談所へ通告する。学校の全教職員は当該情報を共有し、教頭から守秘義務の徹底を

88

連絡する。学級担任は、最近のHの状況や言動、民生児童委員の方から聞いた情報を、日時に沿って整理しておく。ケースの場合、Hは児童相談所に一時保護されることになろう。児童相談所では、緊急受理会議を開き、今後の対応の方向を決める。Hの父親への連絡は、児童相談所が行う。もし、Hを家庭に返すのが危険だと判断された場合、Hは施設に入ることになり、現在の小学校からは転校することになる。

　児童相談所の児童虐待対応件数は、1990年以降増え続け、2020年で20万件となっている。すなわち小学校にはかなりの数の被虐待児がいると思われる。児童虐待は家庭内で起こることであるので、外部からはわかりにくい。学級担任としては、保護者、地域の方々にもアンテナを張り、児童虐待の早期発見に努めなければならない。

基本認識・対応の原則・関連知識

- 児童虐待防止法第2条(児童虐待の定義)には、身体的虐待、性的虐待、ネグレクト、心理的虐待が定義されている。
- すぐに校長、教頭に連絡し、学校から児童相談所へ通告する。
- Hは児童相談所に一時保護される。
- 児童虐待は、外部からはわかりにくい。保護者、地域の方々にもアンテナを張り、虐待の早期発見に努めなければならない。

引用文献・参考文献

- 児童虐待防止法第2条(児童虐待の定義)
- 児童虐待防止法第6条(児童虐待に係る通告)

本人に本名を知らせずに県立高校を受験することはできないかと相談を受けた

ケース

あなたは中学校3年生を担任しています。あなたの学級に、本名(戸籍に記載された氏名)と通名(生活上使用している氏名)が異なる生徒Sがいます。Sの家庭は母子家庭で、県立高校を受験する時に本名が必要になることを母親に伝えると、次のように相談されました。「私は子どもが幼い時に離婚しました。お父さんは亡くなったことにしていて、子どもはYという本名は知りません。私は離婚のとき旧姓Sに戻りました(復氏)が、子どもは夫の戸籍に残ったためYのままです。しかし小学校入学以来、子どもがいじめられるのが心配で、私と同じ名前のSを使わせてきました。何とか本人に本名を知らせずに県立高校を受験することはできませんか。」

解説

本名とは異なる通名を使っている児童生徒は少なくない。ケースのように、婚姻に起因する場合、国籍に起因する場合、何らかの理由で意図的に通名を使っている場合、など事情はさまざまである。これを、児童生徒本人が知らないこともある。

ケースの場合、母親は離婚に伴い父親の姓Yから旧姓のSに戻ったが、子どもの戸籍は父親側に残したため本名の姓はYである。母親は子どもを養育することになったが、母親と子どもの姓が異なることで「いじめられるのが心配」で母親と同じ姓Sを名乗らせてきた。

一方、小中高等学校で作成しなければならない指導要録や、都道府県立高

校入学試験時の文書は公文書であり、本名の記入が求められる。指導要録とは、学校教育法施行規則第24条（指導要録）に「校長は、その学校に在学する児童等の指導要録（略）を作成しなければならない」と規定される公文書で、児童生徒の在籍や指導が記録される。入学願書は原則として本人が記入するので、このままでは「本人に本名を知らせずに」受験するのは不可能である。中学校としては、当該高校やその学校を管轄する教育委員会に、「通名で記載された願書の受け取り」を認めてもらえるよう依頼する。高校においては、生徒の個別事情は理解でき、公平性が損なわれないことから許可されることも多い。しかし認められない場合は、願書は母親に記入してもらい、同じ高校の受験者全員の願書を厳封して、中学校教員が高校に提出するというような措置を取らざるを得ない。

　Ｓはいずれこの事情を知ることになるであろうが、いつ知らせるのか、どのように知らせるのかは母親が決める。学校の教員は、ケースのような児童生徒や保護者の個人情報を知る立場にある。地方公務員法第34条（秘密を守る義務）に規定される「職員は、職務上知り得た秘密を漏らしてはならない。その職を退いた後も、また、同様とする」を再確認する必要がある。

基本認識・対応の原則・関連知識

- 本名とは異なる通名を使っている児童生徒は少なくなく、これを本人が知らないこともある。
- 指導要録や都道府県立高校入学試験時の文書は公文書であり、本名の記入が求められる。
- 本名をＳにいつ知らせるのか、どのように知らせるのかは、母親が決める。

引用文献・参考文献

- 地方公務員法第34条（秘密を守る義務）
- 学校教育法施行規則第24条（指導要録）

ケース No. 039

保護者 × 混迷

生徒の進路変更に反対した父親が退学させると言った

ケース

あなたは私立高等学校で2年生を担任しています。あなたの学級の女子生徒Bは、将来薬学部へ進学したいと言っていましたが、最近文学部へ進路を変更したいと言ってきました。しかし、それを聞いたBの父親が猛反対し、「それならば娘を退学させる。薬学部へ進学すると言うから授業料の高いこの高校へ入学させた。文学部なら公立高校でよい。娘の進路は親権者である私が決める。」と言います。

解説

親権とは、「未成年の子を健全な一人前の社会人として育成すべく養育保護する職分であり、そのために親に認められた特殊の法的地位」であり、民法第820条(監護及び教育の権利義務)には、「親権を行う者は、子の利益のために子の監護及び教育をする権利を有し、義務を負う」と規定されている。平成23年の改正で「子の利益のために」という文言が付加された。この条文は、親権者が子の監護を行う際の包括的規定であり、子のことは親権者が決めるという規定ではない。

高校生が大学受験時、当初の進路を変更することは珍しくない。おそらくBは、中学生時代から大学は薬学部へ行きたいと父親に話していたのであろう。父親も娘が薬学部へ進学することを望んでいたのだと思われる。ケースの文面からは、高校2年生で突然文学部への進路変更を言い出した理由は不明である。学級担任としては、父子間に挟まれたことになるが、どちらの肩も持つわけにはいかない。母親や兄弟いるならば、その人たちを含めた家族

でBの希望を尊重しつつ方向を決めてもらわなければならないのである。

　ただ、父親は現在激高し「退学させる」と言っているが、冷静になれば、そこまでは考えていないと思われる。現在の私立高校を退学して公立高校に入学した場合、少なくとも2年遅れることになり、Bの利益を害することになるからでる。学級担任としては、定期的にB本人や父親、また母親と連絡をとりながら、時間を味方にして穏便に解決しなければならない。Bには、受験科目や勉強方法に変更が生じるであろう。学級担任自身の考えや先輩の体験を伝え、Bがめざす目標にまっすぐ向かえるよう環境を整えなければならない。

　高校の3年間は、進学であっても就職であっても進路に悩む時期である。教員や保護者は、自分の仕事やそのやりがい、進路を選択したときの様子を生徒に話すなど、生徒の視野を広げる接し方が望ましい。生徒は、自分の進路は自分で決めることになる。その応援団でありたいものである。

基本認識・対応の原則・関連知識

- 親権とは、「未成年の子を健全な一人前の社会人として育成すべく養育保護する職分であり、そのために親に認められた特殊な法的地位」である。
- 民法第820条(監護及び教育の権利義務)は、子のことは親権者が決めるという規定ではない。
- Bの進路は、本人と家族で決める。
- 学級担任は、Bがめざす目標にまっすぐ向かえるよう環境を整えなければならない。

引用文献・参考文献

- 民法第820条(監護及び教育の権利義務)
- 子どもの権利に関する研究会編　2017　Q＆A子どもをめぐる法律相談　新日本法規出版　pp.481-484

040

保護者 × 混迷

保護者が修学旅行費を積み立てなかった

ケース

あなたは中学校3年生を担任しています。6月には修学旅行が予定されています。修学旅行費は、保護者負担を分散させるために1年生の時から積み立てをしているのですが、あなたの学級の生徒Hの保護者はこの積み立てを故意にしていませんでした。そのため、5月のある日、修学旅行費の一括支払いを母親に依頼したところ、「うちの子は修学旅行を休ませます。」との返答がありました。また、H本人も「僕は修学旅行に行かず、登校して学校で勉強しています。」と言います。

解説

学校教育法第6条（授業料の徴収）には、「（前略）国立又は公立の小学校及び中学校、義務教育学校、中等教育学校の前期課程又は特別支援学校の小学部及び中学部における義務教育については、これ（授業料）を徴収することができない」と規定されている。しかし、学校では授業料以外にも必要な教育費（学用品費、修学旅行費、給食費など）があり、これらは保護者負担である。ただし、学校教育法第19条（経済的就学困難への援助義務）の「経済的理由によって、就学困難と認められる学齢児童又は学齢生徒の保護者に対しては、市町村は、必要な援助を与えなければならない」の規定により就学援助制度があり、生活保護を受けている保護者、世帯所得の合計が一定基準に満たない保護者は、教育費の一部が援助される。

公立中学校の修学旅行費は、2万円から3万円の場合が多く、一度に支払うにはかなりの高額である。ケースの中学校では、その負担を分散させるた

めに 1 年生時から積み立てを行っているが、H の保護者はこの積み立てを行わず、一括払いも行わないのである。結論から言うと、H は修学旅行に参加することができない。H や周りの生徒がどんな気持ちかにかかわりなくである。もし、H の保護者に修学旅行費にあたる教育費が援助されていたのなら、それはどこへ行ったのか。すべて保護者の責任である。H は修学旅行期間中、中学校へ登校し、用意された課題を行うことになる。

　このようなケースが自分の担任学級であったとき、学級担任が立て替えたり、学級の生徒に分担して出させたりという対応を考える教員がいるが、これは断じて受け入れられない。公平性が保てなくなるからである。

基本認識・対応の原則・関連知識

- 国立又は公立の小中学校等の義務教育については、授業料を徴収することができない。
- 学校では授業料以外にも必要な教育費があり、これらは保護者負担である。
- 就学援助制度により、生活保護を受けている保護者、世帯所得の合計が一定基準に満たない保護者は、教育費の一部が援助される。
- 生徒 H は、修学旅行に参加できない。

引用文献・参考文献

- 学校教育法第 6 条 (授業料の徴収)
- 学校教育法第 19 条 (経済的就学困難への援助義務)

ケース No.
041

保護者 × 混迷

家庭訪問の都合伺いに、全日×が記入されていた

ケース

あなたは小学校2年生を担任しています。4月のある日、5月のゴールデンウィーク明けに行われる家庭訪問の都合伺いを、学級の全保護者に配りました。家庭訪問は、平日4日間の午後に予定されています。都合伺いは、保護者の都合がつかない日に×印を記入してもらうものでした。全保護者からの回収を終え、家庭訪問の予定を組もうとしたところ、女子児童Kの都合伺いには全日に×が記入され、しかも、コメント欄には何も書かれていませんでした。

解説

現在の家庭訪問は、学級担任が児童生徒の生活環境を把握し、学級担任と保護者が児童生徒を育てるという面で同じ方向を向くために行われる行事である。4月下旬から5月上旬にかけて、主に小中学校で行われている。法規的な規定はなく、学級担任が自宅や家庭というプライベートな空間に入り込むことに負担を感じる保護者もいることなどから、賛否両論がある。

ケースの児童Kの保護者の行動は、大人としての対応ではない。もし指定された4日間に都合が悪いのなら、別日なら都合をつけられるとか、毎日帰りが遅いので電話で話ができないかとか、学級担任との接触の方途を提案すべきものであるがそれもない。それゆえ担任は、保護者に再度連絡し、日程を打ち合わせしなければならない。

一般論であるが、ネグレクト傾向にある保護者は、学校から連絡を入れても返信がなかったり、連絡を拒否する場合がある。担任としては、保護者は

児童や学校に関心がない、あるいはネグレクト傾向にあるという可能性を考慮しなければならない。

　家庭訪問の効果とプライベートの侵害の関係は、時代とともに変化している。家庭訪問は児童生徒の家庭を見ることであり、学校で見る児童生徒からはわからない情報を得ることができる。百聞は一見にしかずと言うが、学級担任は児童生徒の家庭環境を肌で感じるのである。一方、児童の権利に関する条約第 16 条 (児童のプライバシー) には、「いかなる児童も、その私生活、家族、住居若しくは通信に対して恣意的に若しくは不法に干渉され又は名誉及び信用を不法に攻撃されない」と規定されている。また、個人情報の保護に関する法律第 3 条 (基本理念) にも、「個人情報は、個人の人格尊重の理念の下に慎重に取り扱われるものにかんがみ、その適正な取扱いが図られなければならない」と規定されている。すなわち、児童生徒や保護者の私生活は、みだりに公開されてはならず、不当に干渉されてはならない。この考え方に基づくと、学校は家庭訪問により過剰な情報を入手しているとも考えられる。

基本認識・対応の原則・関連知識

- 家庭訪問は、学級担任と保護者が児童生徒を育てるという面で同じ方向を向くために行われる行事である。
- 家庭訪問は、学級担任がプライベートな空間に入り込むこと、負担に感じる保護者もいることから、賛否両論がある。
- ネグレクト傾向にある保護者は、学校からの連絡を拒否する場合がある。
- 学校は家庭訪問により過剰な情報を入手しているという考え方がある。

引用文献・参考文献

- 児童の権利に関する条約第 16 条 (児童のプライバシー)
- 個人情報の保護に関する法律第 3 条 (基本理念)
- 山田恵子　2016　スクールソーシャルワークにおける「家庭訪問」の意義と必要性－貧困家庭等における長期不登校問題の解決のために－　早稲田大学大学院文学研究科紀要第 1 分冊　哲学東洋哲学心理学社会学教育学 61　pp.21-34

ケース No.
042

担任が「何をやってもあかんから、行ける高校がない」と発言した

ケース

　あなたは中学校3年生を担任しています。その中学校では、生徒一人ひとりの進路を学校全体として指導するため、毎年数回の進路指導委員会が開かれています。出席者は、校長、教頭、教務主任、進路指導主事、各学年主任、3年生担任、3年生副担任などです。12月に行われる進路指導委員会は最重要で、各高校別に、実力テスト得点、1学期評定、2学期評定を参考に、一人ひとりの生徒の合格可能性を査定していきます。委員会の終盤、高校に進学しない生徒の状況説明に入ったとき、T先生がにやにやしながら「うちの学級のYは、何をやってもあかんから、行ける高校がないんですわ〜。」と発言しました。

解説

　進路指導は、「生徒が自ら、将来の進路選択・計画を行い、就職又は進学をして、さらには将来の進路を適切に選択・決定していくための能力を育むため、学校全体として組織的・体系的に取り組む教育活動」と定義される。これは近年ではキャリア教育の中に位置づけられ、キャリア発達を促す指導と進路決定のための指導が系統的に展開されている。中学校では、進路決定のための進路指導は主に中学校3年生の学級担任が行なう。学級では、学級担任、生徒、保護者の三者懇談が行われ、進学であれば、「A公立高校への進学を第一希望とするが、B私立高校を併願する。これでいきましょう。」などと具体的な進路が決定される。進路指導委員会は、三者懇談前の指導方向

と具体的な指導の打ち合わせ、懇談結果の査定と確認という役割をもち、年数回行われる。

　高校進学時には入学試験が行われるため、学力不足の生徒にはより丁寧な指導が必要である。ケースは、そのような生徒 Y についての学級担任 T の発言である。この発言については、「Y 本人や保護者の前でも同じことが言えるのか」が問われる。できないのであれば、侮辱という感情が含まれた誹謗中傷であり、教員としての適性が問われる発言である。進路指導委員会に出席している校長からは、間髪入れず指導が必要である。

　生徒やその家庭環境はさまざまで、学力不足の生徒、経済的に恵まれない生徒も多い。学級担任は広く進路情報を収集し、さらに生徒一人ひとりの事情を勘案して、希望が最大限生きるよう助言しなければならない。このように進路指導では、教員の教育的愛情が表出する。

基本認識・対応の原則・関連知識

- 進路指導は、「生徒が自ら、将来の進路選択・計画を行い、就職又は進学をして、さらには将来の進路を適切に選択・決定していくための能力を育むため、学校全体として組織的・体系的に取り組む教育活動」と定義される。
- 進路指導委員会は、三者懇談前の指導方向と具体的な指導の打ち合わせ、懇談結果の査定と確認という役割をもち、年数回行われる。
- 学級担任 T の発言は、侮辱という感情が含まれた誹謗中傷である。
- 進路指導では、教員の教育的愛情が表出する。

引用文献・参考文献

- 文部科学省　平成 22 年 (2010)　生徒指導提要　第 1 章生徒指導の意義　pp.1-4

ケース No.
043

道徳の時間について意見が対立した

ケース

あなたは中学校2年生を担任しています。ある学年会議で道徳について議題になりました。まず、道徳で扱う内容について、学習指導要領に示されている4つの内容とすることを確認しました。しかし、週1時間、年間35時間ある道徳の時間について、A先生が「時間割上の道徳の時間は大切にしなければならない。」と発言したのに対して、T先生は「私は、生徒の行動について日常的に指導している。これも道徳であり、道徳の時間の授業とすることができるのではないか。」と発言しました。

解説

小学校学習指導要領と中学校学習指導要領の改訂(平成29年告示)で登場した特別の教科道徳には、検定教科書があり、学期末には道徳性に関わる成長のようすを文章で評価(個人内評価)する。教科書は、学校教育法第34条(教科用図書・教材の使用)で、「小学校においては、文部科学大臣の検定を経た教科用図書(中略)を使用しなければならない」(中学校は同法第49条で準用)と規定されており、使用義務がある。従来道徳の副教材として使用された「心のノート」や「私たちの道徳」とは、扱いが異なる。

道徳は、学校の学校教育活動全体を通じて行うものであり、特別の教科道徳はその要として位置づけられる。ケースのT先生の発言、「私は、生徒の行動について日常的に指導している。これも道徳であり」はその通りである。中学校学習指導要領には、道徳の内容として、「A 主として自分自身に関すること」が5項目、「B 主として人との関わりに関すること」が4項目、「C

主として集団や社会との関わりに関すること」が9項目、「D　主として生命や自然、崇高なものとの関わりに関すること」が4項目、合計22項目が示されている。各教科、総合的な学習の時間、特別活動で行われる道徳教育は、これらの内容に照らした場合、取り扱う内容に偏りがあったり、対象となる生徒が学級の一部であったりということがある。週1時間の道徳は、問題解決的な学習、体験的な学習を適切に取り入れ、自分の考えや他の生徒が出す様々な考えについて多面的・多角的な視点から振り返り、「なぜそうなのか」を深く考える時間として設定されている。この意味において、T先生が日常的な指導が週1時間の道徳の一部に充当できると主張するならば、誤りである。

　学校での会議では、さまざま事が議論される。しかし、その中には誤った解釈、思い込みを根拠にする議論が混じっていることがある。これらに気付く正しい知識を身に付けたいものである。

基本認識・対応の原則・関連知識

- 特別の教科道徳では検定教科書があり、学期末には道徳性に関わる成長のようすを文章で評価する。
- 道徳は、学校の学校教育活動全体を通じて行うものであり、特別の教科道徳はその要と位置付けられる。
- 学校での会議の議論は、誤った解釈、思い込みを根拠にする議論が混じっていることがある。

引用文献・参考文献

- 学校教育法第34条(小学校　教科用図書その他教材の使用)
- 学校教育法第49条(同法第34条を中学校に準用)
- 文部科学省　平成29年(2017)　中学校学習指導要領　第3章特別の教科道徳　pp.154-158

ドッジボールは、いじめにつながるという考え方がある

　あなたは小学校4年生を担任しています。毎日の昼休みには、学級の児童とドッジボールをしながらさまざまな児童と話ができます。児童が今考えていること、友人関係や家族関係も話題に出ることがあり、学級経営上も大切な時間と位置付けています。ところがある先生から、「ドッジボールはいじめにつながるという考え方がある。」という話を聞きました。詳しく聞くと、「ドッジボールは人を標的にする競技である。」「運動能力の低い子は、ボールを当てられることに恐怖心を抱く。」「悪意のある子ども複数が気に入らない子を標的にすることがある。」「これは合法的ないじめだ。」というものだそうです。アメリカでは、これを理由にドッジボールを禁止している学校もあるということでした。

解説

　小学校学習指導要領第2章各教科体育の第1学年及び第2学年の内容に、「ボールゲームでは、簡単なボール操作と攻めや守りの動きによって、易しいゲームをすること」とある。ドッジボールという競技名は示されていないが、ドッジボール型ゲームを指している。これが3年生以降は、ゴール型ゲーム、ネット型ゲーム、ベースボール型ゲームへと発展していく。ドッジボールは、ボール競技の入門ゲームなのである。

　アメリカの一部の学校で、ドッジボールが「いじめにつながる」「銃乱射事件をイメージさせる」などの理由で禁止されているのは事実である。日本では、小学校の体育の時間だけでなく、休み時間や学級活動でのレクリエーショ

ンとしてもドッジボールが行われている。ドッジボールでは、攻撃の行動（ボールを相手に当てる）と、防御の行動（ボールに当たらないように逃げる）と、防御から攻撃への切り返しの行動（ボールを捕球して奪う）がある。このとき攻撃側が、ターゲットにする児童を固定したり、至近距離から強いボールを当てるのならば、いじめとの解釈ができるであろう。小学校低学年での導入当初、学級担任から注意事項やその学校の集団に適用するローカルルールの指導が必要である。その後は、ボールを自分に向けさせそれを奪うのも戦略、逃げまくって最後まで生き残るのも戦略というゲーム本来の楽しさを指導する。

宮内（2015）は、ドッジボールのこのような特徴を、「ドッジボールには様々な教材としての高い価値を含んではいるが、解決しなければならない課題がある」とし、ボールを捕ることが苦手な児童の視点から、「ボールの動きを読む課題」から「ボールを捕る課題」に至るドッジボールの教材配列を提案している。

基本認識・対応の原則・関連知識

- ドッジボールは、ゴール型ゲーム、ネット型ゲーム、ベースボール型ゲームへと発展していくボール競技の入門ゲームである。
- アメリカの一部の学校では、ドッジボールが「いじめにつながる」などの理由で禁止されている。
- ドッジボールは、そのプレーの仕方によってはいじめとの解釈ができる。
- ドッジボールの導入当初は、注意事項やローカルルールの指導が必要である。

引用文献・参考文献

- 文部科学省　平成 29 年（2017）　小学校学習指導要領　第 2 章各教科　pp.142-145
- 宮内孝　2015　学校体育におけるドッジボールの教材価値に関する一考察－ボールを捕ることが苦手な子どもの学びの視点から－　南九州大学人間発達研究第 5 巻　pp.77-85

障害がある児童だけ愛称で呼ぶことが気になった

ケース

　あなたは採用 7 年目で、今年新しい小学校へ転勤しました。あなたは 4 年生を担任し、特別支援学級に在籍する男子児童 T が、一部の授業でだけあなたの学級で授業を受けることになりました。特別支援学級を担任する N 先生から T についての説明を受けているとき、N 先生の言葉が気になりました。N 先生は、通常の学級在籍の児童は「田中さん」「鈴木くん」と苗字で呼ぶのに、特別支援学級在籍の児童は「洋ちゃん」「愛ちゃん」と愛称で呼ぶのです。

解説

　学校教育法第 81 条 (特別支援学級) 2 項には、「小学校 (中略) には、次の各号のいずれかに該当する児童 (中略) のために、特別支援学級を置くことができる」と規定され、知的障害者、肢体不自由者、身体虚弱者、弱視者、聾唖者、その他特別支援学級で教育を行うことが適当なものと、該当する児童が例示されている。これを受けて多くの小学校には特別支援学級が設置されているが、そこに在籍する児童は比較的少数であり、特別支援学級と通常の学級を行き来し、授業を受けている。

　教員が児童をどう呼ぶかについて、京都市立小学校を対象とした調査では、70.4 ％の学校で、部分的もしくは学校全体で男女ともに「○○さん」という呼び方を導入しており、導入する学校が年々増加しているという。そこには、一人ひとりを同じように大切にする、授業を公式な場面として位置付けるという意図があるという。ケースの場合、N 先生が親密な場 (校内など) でのみ「○○ちゃん」を使っているのか、公の場 (買い物などの外出時) にも「○

○ちゃん」を使っているのかが問題となる。もし、公の場でも使っていれば、実年齢に合わない呼び方ということで、外部の人からは「障害のある児童であることの明示」と取られかねないからである。こうなると、人権問題である。「○○ちゃん」の呼び方は親愛の情の表れであるという教員もいるが、一人ひとりの児童の尊厳を考えると、これは適切ではない。N先生は、おそらくそこまでの考えはなく、習慣的に児童の呼び方を選択していると思われる。

　障害がある児童の指導で最も大切なことは、将来的に自立させることである。そのためには、健常な児童と同じソーシャルスキル（挨拶、依頼、質問、購入、移動手段の利用など）を身に付けさせなければならない。教員の児童の呼び方が、これを阻害してはならない。

基本認識・対応の原則・関連知識

- 公の場で、「○○ちゃん」など実年齢に合わない呼び方を使っているのであれば、外部の人からは「障害のある児童であることの明示」と取られかねない。
- 障害がある児童の指導で最も大切なことは、将来的に自立させることである。

引用文献・参考文献

- 学校教育法第81条（特別支援学級）
- 杉井潤子・林逸歩　2018　京都市立小学校における「さんさん付け」呼称の導入実態　京都教育大学教育実践研究紀要第18号　pp.223-232

046

夏休みの宿題に読書感想文を出すか否かで議論になった

ケース

あなたは小学校2年生を担任しています。2年生は3学級あり、あと2学級はS先生、N先生が担任です。夏休みが近づいたある日の学年会議で、夏休みの宿題に読書感想文を出すか否かで議論になりました。S先生は、「読書感想文を全員の宿題にすることで、子どもたちは本を読む。これが読書活動の広がりに寄与する。」と言います。N先生は、「読書感想文を書くために本を読むのは本末転倒である。子どもたちが本を読んで、感動したときに読書感想文を書けば良い。読書感想文は任意提出でよい。」と言います。

解説

小学校学習指導要領第2章国語の第1学年及び第2学年「C 読むこと」の一つに、「読み聞かせを聞いたり物語などを読んだりして、内容や感想などを伝え合ったり、演じたりする活動」とある。また、内容の取扱いには「読書に親しむ態度の育成を通して読書習慣を形成することをねらいとし・・・」という表現がある。読書感想文の指導は、このような指導の一部である。

読書感想文については、賛否の意見がある。まず賛成意見であるが、「読書感想文では、読書により得られた情報に自分の考えを交差させて言語化するものである。確かに言語化するのは大変な作業ではあるが、その過程で自分の知識は読書により得られた情報にゆすられ、次のレベルに昇華する。このような能動的な読書は、将来の自己教育力を支える。」というものがある。反対意見としては、「本を読むだけでも大変なのに、それに加えて感想文を

要求すれば、児童は読書に対して嫌悪感をもつ。本は読みたいときに読むもので、強要すべきでない。」というものがある。教育には、どちらが正しいかの検証ができない論争が多いが、ケースの読書感想文の賛否もその一つである。

　ケースの課題は、小学校2年生の夏休みの宿題である。どちらに決まったとしても、対立する意見があるということを考え、両者の良い所を取り入れて児童を指導すべきである。

基本認識・対応の原則・関連知識

- 読書感想文については、賛否の意見がある。
- 教育には、どちらが正しいかの検証ができない論争が多い。
- どちらに決まったとしても、対立する意見があるということを考え、両者の良い所を取り入れて児童を指導すべきである。

引用文献・参考文献

- 文部科学省　平成29年(2017)　小学校学習指導要領　第2章各教科　pp.28-41

道徳では「価値観の押しつけはいけない」と言われた

ケース

あなたは採用4年目で、小学校3年生を担任しています。これまでの3年間、各教科の授業は自分でも上達したと感じるのですが、道徳だけはいつも上手くいきません。そのため今年は自分の研究テーマを道徳に定め、毎時間丁寧に自分の授業を組み立てようと考えていますが、ある先生から、「道徳では、あなたの価値観を子どもに押しつけたらいけないのよ。」と言われました。

解説

価値観とは、何に価値があると考えるかという優先順位のことである。「価値観の押しつけ」という言葉は、道徳が話題になる度にマスコミ等で取り上げられる。しかし、価値観の扱いは実際の指導場面ではたいへん難しい。

価値観を押しつけない授業という言葉からは、二極分化の事象の議論が想像される。ある著名人の向上心を取り上げた教材ならその是非、友人との友情・信頼について取り上げた教材ならその是非、勤労について取り上げた教材ならその是非、などである。児童生徒は、二極分化の価値観については活発に議論する。しかし、指導している学級担任が注目しなければならないのは、議論の中に出てくる一つひとつの意見が、両価値観を吟味した上で発せられているかどうかである。

児童生徒、あるいは私たちが現実の社会の中で出会う問題はたいへん複雑で、正解がないというものも少なくない。このような問題に対して、児童生徒が自分の価値観から根拠を示しながら判断を重ね解決策を見出すことは、

児童生徒の将来を考えたとき非常に重要である。道徳は、このような授業でありたい。ただし、これらを指導する学級担任はロボットではなく、価値観をもっており、その価値観のバイアスを排除して授業することはたいへん難しい。潜在的カリキュラム（教員に教えようとする意図がないにも拘わらず、児童生徒が学習してしまうカリキュラム）が存在するからである。

　価値観について議論するときには、教材を例示し、この部分は社会共通の価値観が存在するが、この部分は価値観の押しつけに注意しなければならないなどと、具体性をもたさなければならない。

基本認識・対応の原則・関連知識

- 価値観とは、何に価値があると考えるかという優先順位のことである。
- 学級担任が注目しなければならないのは、議論の中に出てくる一つひとつの意見が、両価値観を吟味した上で発せられているかである。
- 価値観について議論するときには、教材を例示し、具体性をもたさなければならない。

引用文献・参考文献

- 文部科学省　平成 29 年 (2017)　中学校学習指導要領　第 3 章特別の教科道徳 pp.154-158

ケース No.
048

知り合いの先生が飲酒運転で事故を起こした

ケース

　あなたは中学校でテニス部の顧問をしています。ある日、新聞に「N市立中学校のY教諭が自家用車で追突事故を起こした。Y教諭は飲酒運転であった。T県教育委員会はY教諭の厳しい処分を検討している。」という内容の記事を見つけました。Y教諭は別の中学校のテニス部の顧問で、面識がありました。生徒の動かし方、時々の生徒への助言、部活動の指導技術はすばらしく、あなたの目標の先生でもありました。

解説

　飲酒運転は、道路交通法第65条（酒気帯び運転等の禁止）第1項に、「何人も、酒気を帯びて車両等を運転してはならない」と規定されている。これに違反した場合、まず行政処分（違反点数）が下され、刑事罰（懲役または罰金）に処される。Y教諭は、飲酒運転で追突事故を起こした。Y教諭は優れた先生であったのかもしれないが、教員が飲酒運転で交通事故を起こした場合、たいへん重い処分が下される。

　自家用車の運転中には、不注意により違反や事故を起こす、また相手の不注意な運転に巻き込まれて事故を起こすことがある。しかし飲酒運転は、自分の意志で止めることができる。禁止されていることを知りながら飲酒運転を行ったことはたいへん悪質である。Y教諭のこの非行は、Y教諭の職である教員の信用を傷つけると同時に、地方公務員全体の信用を損なうものである。地方公務員法第33条（信用失墜行為の禁止）には、「職員は、その職の信用を傷つけ、又は職員全体の不名誉となるような行為をしてはならない」と

110

規定されており、Y教諭は、行政処分、刑事罰に加えて地方公務員法違反に問われる。Y教諭の飲酒運転は、地方公務員法第29条(懲戒)第1項第3号の「全体の奉仕者たるにふさわしくない非行のあった場合」に該当し、懲戒処分の対象になる。この懲戒処分は、都道府県教育委員会または政令指定都市教育委員会が行い、戒告、減給、停職、免職があるが、近年の同様のケースでは免職であることが多い。

　Y教諭のような優れた先生の懲戒処分に対して、生徒や保護者から「処分を軽くしてほしい。」という嘆願書や署名が教育委員会に提出されることがある。しかし、処分の公平性という意味から懲戒処分が軽減されることはない。

基本認識・対応の原則・関連知識

- 飲酒運転は、道路交通法第65条(酒気帯び運転等の禁止)違反であり、行政処分(違反点数)と刑事罰(懲役または罰金)の対象になる。
- Y教諭の飲酒運転は、地方公務員全体の信用を損なうものであり、地方公務員法第33条(信用失墜行為の禁止)違反である。
- Y教諭の飲酒運転は、地方公務員法第29条(懲戒処分)により懲戒処分の対象となる。

引用文献・参考文献

- 道路交通法第65条(酒気帯び運転等の禁止)
- 地方公務員法第29条(懲戒)
- 地方公務員法第33条(信用失墜行為の禁止)

教員が児童を侮辱する発言をした

ケース

　あなたは小学校に勤務しています。ある日の3時間目、職員室から運動場を見ると体育の授業で出てきた3年生が30人ほどいました。その中の一人、学級委員と思われる男子児童Wが全員を並べようと声をかけていますが、みんなは並びません。数分後、担任の先生が出てきました。その先生はWを呼び、「お前がしっかりしてないからみんな並ばんのや。お前を学級委員に選んだの、間違いやったな〜。」と発言しました。

解説

　教員は、さまざまな言葉や行動で児童を指導する。しかし、それらは暴言や暴行になることがある。パワーハラスメントであり、体罰であり、人権侵害である。

　ケースでは、遅れて出てきた学級担任が、児童を並べることができなかった学級委員Wに「お前を学級委員に選んだの、間違いやった」と言った。教員と児童の間には、指導する者と指導される者という関係が成立し、とくに小学校の場合は体格差もあり、教員は圧倒的に優位な立場にある。優位な立場から発せられた児童を侮辱する言葉は、パワーハラスメントであり、児童の心に大きな傷を残す。このような指導は、ダークペタゴジー(闇の教授法)と言われ、「厳しい指導」と勘違いされて容認され、学級を恐怖で支配することがある。

　ある校長は、児童を指導するときのパワーハラスメントの防止策として、「その言葉、20年後にも言えるか?」を常に自問するよう教員に求めている。20年後には、小学生も大人になる。万引きをした児童に、「恥ずかしくない

のか！」と言って指導する、これは 20 年後も発することができる言葉である。しかし、ケースの教員の言葉は、20 年後は発することができない。「なぜ、先生は授業開始時刻に出てこないのか。」「体育の時間に児童を並べるのは先生の仕事ではないのか。」「一生懸命並べようとしている学級委員をなぜ責めるのか。」などと反論されるからである。20 年後発することができないのであれば、そこにはパワーハラスメントが潜んでいる。

　学校教育法第 11 条（児童、生徒等の懲戒）では、「校長及び教員は、教育上必要があると認めるときは、（中略）児童、生徒、及び学生に懲戒を加えることができる。但し、体罰を加えることはできない」と、体罰を明確に禁止している。ここで体罰とは、身体に対する侵害（殴る、蹴る等）、肉体的苦痛を与える懲戒（長時間の正座、長時間の直立等）の有形力の行使（目に見える物理的な力）と限定されている。現在のところ、言葉の暴力を禁止する規定はない。しかし、児童生徒の人権、心情を考えた思慮深い指導は、いつの時代の教員にも求められている。

第1章
教諭編

基本認識・対応の原則・関連知識

- 児童を侮辱する言葉は、パワーハラスメントであり、児童の心に大きな傷を残す。
- ダークペタゴジー（闇の教授法）は、「厳しい指導」と勘違いされて容認され、学級を恐怖で支配することがある。
- 児童を指導するとき、「その言葉、20 年後にも言えるか？」を常に自問する。
- 児童生徒の人権、心情を考えた思慮深い指導は、いつの時代の教員にも求められている。

引用文献・参考文献

- 学校教育法第 11 条（児童、生徒等の懲戒）
- 文部科学省　平成 22 年（2010）　生徒指導提要　第 7 章生徒指導に関する法制度等 pp.194-196

ケース No.
050

年度初め、教員研修一覧が配られた

ケース

　あなたは中学校に勤務する美術科の教科担任です。採用4年目で、2年生3組の担任、サッカー部の顧問でもあります。4月中旬、県の教育研究所、市の教育センター発行の今年度の教員研修一覧が配られました。生徒指導や教科指導に関する研修、現在の教育課題に関する研修がたくさんあり、実施日は平日午後のものと長期休業中のものが混在していました。職員会議で、教頭先生からは「指導力向上のため積極的に受講してください。」と言われましたが、隣の先生からは「悉皆研修はしかたないけど、忙しかったら行く必要ないのよ。あなたは、授業や部活動で忙しいでしょ。」と言われました。

解説

　教員の研修については、教育公務員特例法第21条（研修）に「教育公務員は、その職責を遂行するために、絶えず研修と修養に努めなければならない。2　教育公務員の任命権者は、教育公務員（中略）の研修について、それに要する施設、研修を奨励するための方途その他研修に関する計画を樹立し、その実施に努めなければならない」、同法第22条（研修の機会）には、「教育公務員には、研修を受ける機会が与えられなければならない（後略）」と規定されている。ケースの教員研修一覧は、この計画の一つである。ここで悉皆研修とは、「生徒指導主事は全員受講」のように、その立場にある教員は全員受講しなければならないという制約のある研修のことである。

　これらの研修は、平日の午後、教育研究所などの学校外で実施される。この研修に参加しようとすると、午後からの授業は抜けることになり、自分の

授業を他の授業に振り替えることになる。場合によっては、自習になることもある。学校外で実施される研修受講と学校の授業との兼ね合いは、いつも校長や教員の憂慮事項である。ここには、利益衡量という考え方がある。研修受講のため授業を一時的に抜けることがあっても、長期的に見てその研修の効果が児童生徒に還元されるのなら、研修受講を選択した方がいい、どちらに利益があるか比較検討するという考え方である。

　ケースのように、教員研修のほとんどは4月にその予定が示される。隣の先生は「忙しかったら行く必要はない」と発言したが、研修を受講するかどうかは、児童生徒への還元の可否、あるいは自分のスキルアップの要不要から、教員本人が決めることである。

　現実には、一回の研修を受講したからすぐに教師力が向上するということはない。しかし、自分の教師力向上を意図している教員、問題意識を有している教員は、受講した研修の中に自分にヒットする情報を得ることがある。そのような研修をきっかけに、さらに高度な研修を積み、同じ問題意識をもつ人たちと繋がり、教師力を向上させていくのである。

基本認識・対応の原則・関連知識

- 研修受講と学校の授業との兼ね合いには、利益衡量という考え方がある。
- 研修受講は、児童生徒への還元の可否、自分のスキルアップの要不要から、教員本人が決める。
- 教師力向上を意図している教員は、研修の中に自分にヒットする情報を得、さらに高度な研修や同じ問題意識をもつ人たちと繋がり、教師力を向上させていく。

引用文献・参考文献

- 教育公務員特例法第21条（研修）
- 教育公務員特例法第22条（研修の機会）

051

運動会の打ち上げに、卒業生から苦情があった

ケース

　あなたは採用8年目で、今年J小学校からS小学校に転勤しました。ある日、J小学校時代の教え子から電話がありました。彼女は今大学生で、駅前の居酒屋でアルバイトをしているということでした。「先生、聞いて〜！昨日、J小学校の運動会の打ち上げで、先生が20人ほど来たんだけど、その態度が最低！大きな声で騒ぐし、宴席でピラミッドまで作るんですよ。おまけに会計は一人ずつしてくれって。先生ってどうなってるの。私、恥ずかしくって、J小学校の出身って言えなかったわ。」

解説

　公立幼稚園、小中高等学校、特別支援学校の教員は、地方公務員である。地方公務員法には職員は全体の奉仕者であるという「服務の根本規準」に続き、8つの服務義務が規定されている。さらに、服務義務はその性質から3つの職務上の義務と5つの身分上の義務に分けられる。職務上の義務とは、職務を行うに当たって守る義務、身分上の義務とは、公務員の身分を有するため守らなければならない義務である。身分上の義務の一つに、地方公務員法第33条（信用失墜行為の禁止）「職員は、その職の信用を傷つけ、又は職員の職全体の不名誉となるような行為をしてはならない」がある。

　信用失墜行為での教員の処分例は、飲酒運転、セクシャル・ハラスメント、横領、収賄、勤務態度不良などがある。ケースでは、20人ほどの小学校教員が宴席で暴れたということであり、店の従業員や周りの客は大きな迷惑を被ったであろう。しかし、程度にもよるが「宴席で暴れた」では、法律上の信

用失墜行為の禁止違反を問うのは難しい。ただし、このような行為は、地域の方々である店員や周りの客が見ていることであり、教員や学校の信用を大きく損なうことになる。

　教え子から連絡を受けた者としては、その後すぐにJ小学校に連絡し、知り合いの先生に「先生20人ほどによる運動会打ち上げ」がどのような話題になっているかを伝える。当該教員が、気付いていない可能性があるからである。

　ふつう教員は、何年もにわたり多くの児童生徒を教える。そのため教員は、自分は気付かなくても多くの人から見られているという意識をもたなければならない。教員という職を選んだ宿命であるといえよう。

基本認識・対応の原則・関連知識

- 地方公務員法第33条(信用失墜行為の禁止)には、「職員は、その職の信用を傷つけ、又は職員の職全体の不名誉となるような行為をしてはならない」と規定されている。
- 教員は、自分は気付かなくても多くの人から見られている。

引用文献・参考文献

- 地方公務員法第33条(信用失墜行為の禁止)

仕事を頼まれたときの反応に、会社員、教員間で違いを感じる

> ### ケース

　あなたはD情報通信会社に３年勤めた後、R中学校の技術家庭科の教員をしています。ときどき、会社の社員と学校の教員の大きな違いを感じることがあります。その一つが、上司から仕事を頼まれたときの反応です。D社時代は、課長から「この仕事、少々こじれてるんだけど、君担当してくれないか？」と言われると、みな大きな声で「わかりました。」と返答していたのに、R中学校では、教頭先生から「この仕事、臨時だけど、先生やってもらえますか？」と言われても、「年度初めに言ってもらわないと困ります。」「私、部活の指導で忙しいんです。」などと拒否する先生が多いのです。

> ### 解説

　民間会社の社員から教員に転職した人、また教員から民間会社の社員に転職した人の話から、両者では、仕事に対するさまざまな意識が異なることがわかる。どちらが良いというものではないが、転職を経験しなかった場合は気付かないことであり、そのいくつかを取り上げる。

　まず、仕事と給与の結びつきについてである。民間会社の場合、設備に投資し、営業にコストをかけ、物やサービスが売れれば利益が出るが、そうでなければ利益は出ない。これが社員の給料に連動するのであるから、社員は常に利益を意識することになる。しかし教員は、教育というサービスが売れるという意識はなく、さらに一定の額の給与が保証されている。ここでは、仕事の質が給与に結びつくという感覚は生まれにくい。

二つ目に仕事を得るという意識である。民間会社の社員は、上司から仕事を与えられ、あるいは客から仕事を依頼される。そのため、仕事ができる社員には仕事が集まり、そうでない社員は仕事が減っていく。しかし教員は、赴任したときから校務分掌（学級担任、校務分掌など）が与えられ、減るということがない。ここでは、仕事があることはありがたいという感覚は生まれにくい。

　三つ目に仕事の範囲についてである。民間会社の社員の場合、社員は何らかの係などに所属しており、自分の担当する仕事の範囲を意識することができる。しかし教員は、教科の授業、担任する児童生徒の学校内外の生徒指導、複数の校務分掌の仕事、部活動の指導、子育てが上手くできない家庭への支援などを抱えている。もちろんこの中には、明らかに教員の仕事ではないものも含まれているが、間に児童生徒が挟まっているため関わらざるを得ないこともある。このような仕事は解決しないことが多く、時間がたっても収束しない。ここでは、仕事のキャリアを積むという感覚が生まれにくい。

　ケースにある会社の社員と学校の教員の違いは、このような点から生じると思われる。これらは、民間会社と学校という環境の違いから生じることであり、良い悪いという視点から比較するものではない。教員の場合、民間会社の社員の良いところがあるなら、それを取り入れるべきである。

基本認識・対応の原則・関連知識

- 教員には、仕事の質が給与に結びつくという感覚は生まれにくい。
- 教員には、仕事があることはありがたいという感覚は生まれにくい。
- 教員には、仕事のキャリアを積むという感覚が生まれにくい。

専科教員の授業に、その学級の担任が無断で入りこんだ

ケース

　あなたはある小学校の6年2組を担任しています。この小学校では、6年生の理科はS先生が専科教員として授業をしています。ある日、S先生が担当する6年1組の理科の授業に、学級担任のM先生が無断で入っていたようで、S先生、M先生それぞれから次のような言葉を聞きました。M先生「理科で子どもたちがどうしているのか、授業に入って見てきた。みんな熱心に勉強していたなぁ〜。」S先生「今日の理科の時間、M先生が勝手に入ってきて教室の後ろで丸つけをしていた。なんで〜。」

解説

　授業は、「ある文化内容を示して、子どもたちがそれを獲得する営み」と定義されている。ここには、教育目標（何を教え、どのような学力を形成するのか）、教材・教具（何によって教えるのか）、教授行為・学習形態（どのように教えるのか）、教育評価（授業の成否をどのように把握するのか）の4つの要素が存在する。また、授業をドラマとしてとらえる見方もある。すぐれたドラマには、感情のうねり、展開の緩急、緊張と弛緩などの変化があり、その流れに視聴者は心をゆさぶられるわけであるが、授業でも同じようなことが生じているというものである。授業を行う教員は、これらを仕組み、その実施の全責任を負うのである。

　ケースの場合、M先生はこのように緻密に計画されているS先生の授業に、事前に許可を得ることなく入り込んだ。6年1組は、M先生の担任学級であるが、理科は専科教員であるS先生が授業する。S先生は、この授業で上記

の要素や流れを意識し準備しているわけであるが、M先生の入り込みで、S先生、児童双方に乱れが生じるのである。

　学校では、教員の授業力向上のため、あるいは新しい授業の提案のため授業研究が行われ、その過程で一授業が研究授業として公開されることがある。この時には、多くの教員の参観があるわけであるが、これらの教員は決して授業介入を行ってはならない。授業介入とは、授業中の児童生徒に教える、助言するなどの行為である。授業という教員と児童生徒の営みは、大切に、厳密に扱われなければならないのである。

　校長は校内巡視中に教室に入り、学級担任、教科担任が行う授業を参観することがある。ある校長は、教室に出入りするとき、必ず授業中の教員と児童に一礼していた。M先生にも、このような気遣いと配慮が必要であった。

基本認識・対応の原則・関連知識

- 授業には、教育目標、教材・教具、教授行為・学習形態、教育評価の4つの要素と、ドラマのような流れが存在する。
- 授業を行う教員は、授業の全責任を負う。
- 研究授業の参観者は、決して授業介入を行ってはならない。
- 他の先生の授業を参観するときは、許可を得ると同時に気遣いと配慮が必要である。

引用文献・参考文献

- 田中耕治　2007　田中耕治編　よくわかる授業論　ミネルヴァ書房　pp.2-3　16-17
- 石井英真　2007　田中耕治編　よくわかる授業論　ミネルヴァ書房　pp.92-93

ケース No. 054

教頭先生からデジタル教科書を使うように指示があった

　あなたは中学校2年生を担任しています。その学校では、特別教室などに電子黒板が数台設置されていましたが、一部の先生や研究授業時に使っている程度で、全教員には普及していませんでした。そんなある日、市教育委員会からタブレットと電子黒板で使用するデジタル教科書(各学年の国語、社会、数学、理科、英語)の配布があり、使い方の教員研修も行われました。職員会議では教頭先生から、「月に一度はデジタル教科書を使ってください。授業内容についての子どもたちの理解も深まるし、先生方のICT教育への理解も進むと思います。使用簿も用意しましたので、先生方が使われた時には、氏名、単元など必要事項を記入してください。」との指示がありました。

解説

　ICT機器とそのコンテンツは日々進歩しており、今後も新しい機能をもつ安価な機器の開発も期待されている。教員は、ICT機器等の使用にある程度習熟していなければ、これらを利用した授業の可能性や改善点を述べることができないのも現実である。

　ICT機器の使用に際しては、「主体は児童生徒であり、児童生徒の理解の進行を促すためにICT機器を利用する。決してICT機器を使用するための授業を作ってはならない」が原則である。ICT機器とそのコンテンツは教材・教具の一種であり、その使用から教育的効果を引き出すためには、教師力が必要である。一方、ICT機器などの使用は、今までになかった授業や教育を

児童生徒に提供する可能性を秘めている。

　各学校へのデジタル教科書の導入には、税金が投入されている。そのため市教育委員会は、市民や市議会にデジタル教科書がどの程度利用されているのか、どのような効果があったのか、それは投入したコストに見合うものなのかなどを説明しなければならない。教頭の指示にあった「月に一度」という使用回数や「氏名、単元など」の記入は、このような報告に必要なのであろう。

　今後とも、科学技術や社会の仕組みは変化し続けるであろう。教員という職業も、大学等での教員養成時代に学んだ知識やスキルだけで、いつまでも続けられるものではない。常に、研鑽を積み変化に対応していかなければならないのである。これを機会に、デジタル教科書の使用法習得を自分の目標としてはどうかと思う。

基本認識・対応の原則・関連知識

- ICT 機器等の使用にある程度習熟しなければ、これらを利用した授業の可能性や改善点を述べることができない。
- ICT 機器の使用に際しては、「主体は児童生徒であり、児童生徒の理解の進行を促すために ICT 機器を利用する。決して ICT 機器を使用するための授業を作ってはならない」が原則である。
- 教員という職業も、教員養成時代に学んだ知識やスキルだけでいつまでも続けられるものではない。常に、研鑽を積み変化に対応していかなければならない。

修学旅行説明会で、付き添い教員の紹介の忘れた

ケース

あなたは小学校6年生を担任しています。9月のある日、11月に予定されている修学旅行の保護者向け説明会を行いました。説明会には児童の保護者約60人と、校長先生はじめ引率教員全員が出席していました。説明会は、校長先生の挨拶、行程の説明、養護教諭からの保健や健康上の説明、質疑応答と進み、40分ほどで終了しました。しかし閉会後、引率教員である理科専科教員S先生、同じく特別支援学級担任のK先生から、「なぜ私たちの紹介がなかったのですか？閉会後、保護者から先生も付いて来てくださるのですか？と尋ねられました。」と言われました。

解説

教育課程上修学旅行は、特別活動の中の学校行事（4）遠足・集団宿泊的行事に位置づけられる。修学旅行や林間学舎など、宿泊を伴う学校行事では、事前に保護者を対象とした説明会が行われることが多い。主催者は学校であるが、具体的な運営を行うのは当該学年である。当該学年では、下見（実踏といわれることもある）や旅行業者との打ち合わせを行い、危険箇所の把握、病院等の施設の確認、その学年の学習活動に合わせた行動計画や引率教員の配置と役割分担などの準備をして説明会に臨むことになる。

修学旅行では、学級担任以外に校長、養護教諭、特別支援学級担任、担任外の教員が引率教員として加わる。このケースの場合、引率教員が説明会に出席しているにもかかわらず、その紹介を失念していたのである。進行上のミスと言えばそれまでであるが、保護者に対しての説明漏れであると同時に、

引率教員に対してはたいへん失礼であったと言わざるを得ない。

　通常、教員がこのような説明会を運営するのは何年かに一度のことである。説明会レジメ（保護者にも配布する）を用意し、事前に校長などの経験豊富な先生に確認してもらう必要があろう。このような些細なことから、「あの先生は気が利かない」「あの先生は失礼だ」などと揶揄されることになる。多忙な中での説明会であるが、忙しいときほど仕事にはミスが潜んでいる。「いつも仕事を丁寧に」と心がけたいものである。

第1章

教諭編

基本認識・対応の原則・関連知識

- 教育課程上修学旅行は、特別活動の中の学校行事（4）遠足・集団宿泊的行事に位置づけられる。
- 修学旅行や林間学舎では、保護者を対象とした説明会を行うことが多い。
- 忙しいときほど仕事にはミスが潜んでいる。

引用文献・参考文献

- 文部科学省　平成29年（2017）　小学校学習指導要領　第6章特別活動　pp.186-189

ケース No.
056

ネイルをして登校した児童の指導に疑問を感じた

> **ケース**

　あなたは小学校で５年生を担任しながら、校務分掌では生活指導を担当しています。ある月曜日の昼休み、職員室で６年生担任の女性の先生が、ネイルをして登校した女子児童を次のように指導していました。「Ｃちゃん、ネイルをして学校へ来たらだめやん。」「昨日、ネイルをして遊びに行ったんやけど、とるの忘れてん。」「お願いやから、明日はして来ないでね。」

> **解説**

　生徒指導の個別指導は、成長を促す個別指導、予防的な個別指導、課題解決的な個別指導に分けられる。その中の予防的な個別指導は、「一部の児童生徒を対象に、深刻な問題に発展しないように、初期段階で諸課題を解決することをねらいとしたもの」である。

　小学校で生活指導の校則を定めている学校は少ないが、ほとんどの学校はマニキュアやネイルアートでの登校は認めていない。これは、多くの保護者も同意する点である。ケースは、そのような指導の場面である。しかし、「・・・だめやん」「お願いやから、・・・」という発言の断片からは、学級担任の毅然とした姿勢が感じられない。また、誰のため（児童のため、自分の体面のため）に指導しているのかのぶれがある。個別指導が効果的に行われるためには、児童と教員の信頼関係が不可欠であるが、信頼関係を築くとは、児童と友だちのようになったり、児童に迎合することではない。

　児童Ｃがネイルアートをしたまま登校するということは、ネイルサロンへ連れて行ったのは保護者である。また保護者は、登校日の朝、児童にネイル

126

アートが残っているのも知っているであろう。学級担任としては、C本人のみならず、保護者の養育姿勢も正さなければならない。学級担任の本気度か問われているのである。

　一般的に、コミュニケーションで伝わる内容は、言語的内容は30％、非言語的内容が70％と言われている。教員が児童を指導するときの本気度の多くは、非言語的内容が伝わるのである。

基本認識・対応の原則・関連知識

- ほとんどの小学校は、マニキュアやネイルアートでの登校は認めていない。
- 個別指導には児童と教員の信頼関係が不可欠であるが、信頼関係を築くとは児童と友だちのようになったり、児童に迎合することではない。
- 保護者の養育姿勢を正さなければならないとき、学級担任の本気度が問われる。
- 教員が児童を指導するときの本気度の多くは、非言語的内容が伝わる。

引用文献・参考文献

- 文部科学省　平成22年(2010)　生徒指導提要　第1章生徒指導の意義と原理 pp.18-20

057

社会の研究授業のまとめに疑問を感じた

ケース

あなたは中学校で社会の教科担任をしています。ある日、近くの中学校でキャリア教育に関わる投げ入れ教材を用いた A 先生の研究授業がありました。内容は、小学校から大学までの教育に必要な経費について考える、というもので、A 先生は最後に「義務教育の小中学校では授業料の徴収はありませんが、高校大学では多額の授業料が必要です。多くの人が家庭の経済的な状況に関わらず大学で学べるように、これらの授業料も無償にする必要があるということです。」とまとめました。

解説

キャリア教育は、「学校における教育活動が、ともすれば生きることや働くことと疎遠になったり、十分な取組が行われてこなかったのではないかという指摘」などから推進されことになった教育で、「児童生徒一人一人の勤労観、職業観を育てる教育」と定義される。

現在、国では大学教育無償化が進行中である。「多くの人が家庭の経済的な状況に関わらず大学で学べる」というのは、表面的にはいい言葉であるが、授業料を負担するのは国、すなわち税金であり、そこにはさまざまな対立する意見がある。たとえば、「大学を出て本人の収入が多くなるのであれば、受益者負担（個人が授業料を出す）にすべきである」「大学を出た人の収入が多くなり税収が増えるのであれば、国が授業料を出してもよい」「大学の授業料を国が出すのであれば、少子化対策になり勤労人口が増える」「大学教育の普及は結婚の高年齢化を招き、人口減少を招く」などである。これらは、中

学生が充分考えられる内容であり、授業としては賛否両論を生徒に考えさせた上で、自分の考えをもたせるべきであろう。

「これらの授業料も無償にする必要があるということです」という授業の結びは、大学教育無償化に賛成する考え方を生徒に教え込んでいることになる。キャリア教育の定義にある「一人一人の勤労観、職業観を育てる」には至っていないのである。

基本認識・対応の原則・関連知識

- キャリア教育は、「児童生徒一人一人の勤労観、職業観を育てる教育」と定義される。
- 大学教育無償化には、さまざまな対立する議論がある。
- 議論は中学生が充分考えられる内容であり、授業としては賛否両論を生徒に考えさせた上で、自分の考えをもたせるべきである。

引用文献・参考文献

- 文部科学省　平成16年(2004)　キャリア教育の推進に関する総合的調査研究協力者会議報告書—児童生徒一人一人の勤労観、職業観を育てるために—

ケース No.
058

担任の先生が、「いつも注意してるんですけどね〜」と言う

　あなたは中学校で2年生国語の教科担任をしています。2学期になって、2年3組の生徒の服装だけが乱れてきているのが気になりました。学校では、全学年「服装を整える」という指導を行っています。その都度、「Cくん、上靴のかかとを踏んではいけません。きちっと靴を履きなさい。」「Dさん、ブラウスのボタンは上まで留めなさい。」などと注意すると、生徒はしぶしぶそれに従いますが、次の時間は元に戻っています。学級担任の先生にこのことを伝えると、「いつも注意してるんですけどね〜。」という言葉が返ってきました。

解説

　生徒指導は学校の全教職員により進められるものであるが、実際の指導に当たっては学級担任の果たす役割は大きい。学級担任は、生徒の個性や家庭事情、学級内の人間関係など多くの情報をもっているからである。さらにここで学級担任に求められるのは、一人ひとりの生徒の指導についてぶれない芯をもち、真剣に生徒に対峙することである。

　生徒の問題行動につながるサインはいくつかあるが、「髪型、服装などに気を配り、特異が目立つようになる」「学校のきまりを守らなくても平気になる」はそのサインである。ケースの場合、2年3組の生徒の服装だけが乱れてきた。CやDの変化に教科担任が気づいたのである。一方、学級担任はこの件について他人事のような反応である。中学校では、学級担任が自分の学

級の生徒の前に立つ時間は短い。自分の担当教科、道徳、学級活動、総合的な学習の時間の一部、朝の会、終わりの会など、生徒の学校生活時間の4分の1程度である。しかしながら、学級担任の生徒への影響力は大きい。学級担任の普段の発言や行動、考え方は潜在的カリキュラムとして生徒に伝わるのである。ケースの学級担任の姿勢も、生徒は敏感に感じている。

　教科担任としては、学年主任、生徒指導主事に連絡し、学年全体で組織的に2年3組の生徒指導に当たることになる。学年会議では、学級担任の指導にも言及があると考えられるが、立て直しは学級担任が中心となる。このケースは、幸いにも問題行動の早期であり、立て直しは可能であると思われる。

基本認識・対応の原則・関連知識

- 生徒指導は、学校の全教職員により進められるが、学級担任の果たす役割は大きい
- 生徒の服装の乱れは、問題行動につながるサインである。
- 学級担任の普段の発言や行動、考え方は潜在的カリキュラムとして生徒に伝わる。
- 学年全体で組織的に当該学級の生徒指導に当たる

引用文献・参考文献

- 文部科学省　平成22年（2010）　生徒指導提要　第6章生徒指導の進め方　pp.152-157
- 松下佳代　2017　田中耕治編　よくわかる授業論　ミネルヴァ書房　pp.44-45

隣の学級の先生が、「学級通信を毎日出している」と言う

ケース

　あなたは小学校で5年2組の担任になりました。5年生は2学級で、5年1組の学級担任はあなたより少し年上の女性教諭T先生です。4月も終わりに近づいたとき、T先生から、「始業式から毎日学級通信を出しているの。帰るのは遅くなるけど、保護者からの評判はいいのよ。」という話を聞きました。あなたは、月1回の学年通信があるし、学級のようすを保護者に伝えるのは週1回で充分と考えています。5年2組の学級通信は4月に3回しか出していません。

解説

　学級通信は、学級担任と保護者が子育てについて共通理解を深める一つの手段と位置付けられる。その他にも学級懇談会、個人懇談会、家庭訪問があり、開かれた学級経営を進めるためには、これらを適切に組み合わせる必要がある。

　学級通信について、発行するかしないか、どの程度発行するかは学級担任の裁量である。ケースのように、学級通信が担任と保護者を結ぶパイプだと考え、毎日出す学級担任がいる一方、家庭環境はさまざまであることから保護者に伝えたいことは個別に話した方がいいと全く出さない学級担任もいる。それぞれの教員は、学級通信を出すことが趣味的になっていないか、自己満足になっていないか、自分を縛っていないかなどを振り返り、自分が出す学級通信の効果を客観的に見なければならない。

　学級通信の記載には、いくつかの留意点がある。まず、児童の個人情報を

掲載していないか。個人情報の保護に関する法律第2条（定義）には、「この法律において『個人情報』とは、生存する個人に関する情報（後略）」と定義され、同法第16条（利用目的による制限）では、「個人情報取扱事業者は、あらかじめ本人の同意を得ないで、（中略）特定された利用目的の達成に必要な範囲を超えて、個人情報を取り扱ってはならない」とされている。学級担任は、児童や家族の氏名、生年月日、個人的な情報が記載された文章を学級通信に掲載しないよう注意が必要である。

　2点目として、児童の同意なく著作物を掲載していないか。著作権法第6条（保護を受ける著作物）では、日本国民の著作物はこの法律により保護を受けるとし、同法第18条（公表権）では、「著作者は、その著作物でまだ公表されていないもの（中略）を公衆に提供し、又は提示する権利を有する（後略）」と規定されている。児童の作文や絵画、工作物などの著作物はこの法律の保護を受けるため、児童の同意なく学級通信に掲載してはならない。

　3点目に、公平性が保たれているか。作文が掲載されたとき、保護者は自分の子どもの作文を探す。一部の児童の作品ばかりが紹介されると、保護者は不公平感をもつであろう。

基本認識・対応の原則・関連知識

- 学級通信の発行は、学級担任の裁量である。
- 学級通信の記載では、個人情報、同意のない著作物、公平性に留意しなければならない。

引用文献・参考文献

- 個人情報の保護に関する法律第2条（定義）
- 個人情報の保護に関する法律第16条（利用目的による制限）
- 著作権法第6条（保護を受ける著作物）
- 著作権法第18条（公表権）
- 文部科学省　平成22年（2010）　生徒指導提要　第6章生徒指導の進め方　pp.138-144

ケース No.

060

電話を取ろうとした先生に、「取ってくれるからいいのよ」と言う先輩の先生がいる

あなたは中学校３年生の副担任で、校務分掌では進路指導部に所属しています。外部との連絡の機会が多いため、職員室の席は電話に近い所でした。ある日、進路指導委員会用の資料を作成しているとき電話が鳴りました。いつもは素早く取って対応するのですが、ある生徒の成績を計算している途中だったため電話に対応せずにいると、少し離れた場所に座っていたＮ先生が立ち上がりました。そのとき、近くにいた先輩のＩ先生がＮ先生に、「取ってくれるからいいのよ。」と声をかけました。

解説

学校が組織力を高めるためには、児童生徒の学習指導、生徒指導はもとより、すべての学校運営に対して、全教職員による協働体制が作り上げられなければならない。学校運営は校長や教頭に任せて、自分たちは児童生徒の指導のみに関わっていればいいと考える教員がいるとすると、それは間違いである。

学校に電話がかかってきたとき、できるだけ早く受話器を取り、「○○学校、△△です。」と話しかける。もちろん、誰が取っても構わない。また、学校では電話を取った教職員が学校を代表して対応することになるため、さまざまな立場の人や多様な価値観の人への寛容、当事者意識をもっての受け止めなど、電話取り次ぎのマナーを熟知していなければならない。Ｉ先生の発言の意図はわからないが、「電話は取る係が決まっているよ」あるいは、「無

造作に電話を取るとトラブルに巻き込まれるよ」という意味での発言ならば、社会人失格である。かねてより教員には、質の高い授業の提供や生徒指導が求められていたが、現在はこのような専門性に加えて、非常に幅広い業務の遂行や社会性が求められる。

　学校では、児童生徒に社会人基礎力の育成が求められる。「教育は人なり」という言葉がある。教育にとっては「人」が最重要な環境であるという意味であるが、ここでの「人」は、学力的に優れているということではない。誰に対しても誠実である、社会人として優れているなど、総合的に人間として優れていることが求められるのである。

基本認識・対応の原則・関連知識

- 学校が組織力を高めるためには、全教職員による協働体制が作り上げられなければならない。
- 電話を取った教職員が学校を代表して対応することになるため、電話取り次ぎのマナーを熟知していなければならない。
- 教員は、総合的に人間として優れていることが求められる。

保護者から「授業中なのに、先生がスーパーで買い物をしている」と電話があった

あなたは小学校5年生を担任しています。ある日の午後、職員室で仕事をしていると、保護者から「午後2時頃、そちらの学校のS先生がMスーパーで買い物をしていました。まだ授業中じゃないのですか。どうなっているのですか。」という電話がかかってきました。すぐに教頭先生に連絡しようと職員室前方のホワイトボードを見ると、「S先生、午後有給休暇」との記述がありました。

年次有給休暇は、教職員を含む労働者が取得できる休暇である。労働基準法第39条(年次有給休暇)には、「使用者は、(中略)労働者に対して、継続し、又は分割した10労働日の有給休暇を与えなければならない」とある。また同法同条第4項には、「使用者は、(中略)有給休暇を労働者の請求する時季に与えなければならない。ただし、請求された時季に有給休暇を与えることが事業の正常な運営を妨げる場合においては、他の時季にこれを与えることができる」とあり、原則として、労働者の請求した時季に与えられるものである。

ケースの場合、職員室のホワイトボードに「S先生、午後有給休暇」とあることから、S先生は校長に「本日午後、有給休暇をとります」と申し出て了承されたのであろう。有給休暇の使い方は問われない。Mスーパーで買い物をしても、家で寝てもいいのである。S先生の行動に違法性はない。

一方、勤務時間中の教職員が、無許可で職場を離脱して職務と関係のない

行動をしていた場合、地方公務員法第 35 条（職務に専念する義務）「職員は、（中略）その勤務時間及び職務力のすべてをその職責遂行のために用い、当該地方公共団体がなすべき責を有する職務にのみ従事しなければならない」の違反となる。電話をかけてきた保護者は、S 先生の行動を職場離脱と誤解していたのである。このような電話を受けた場合は、相手の連絡先を聞いておき、後に理由説明のため返信しなければならない。文面から、ケースはその後どのように進行したのかはわからないが、S 先生の行動の正当性を示す機会が必要なのである。

　ケースを鳥瞰すると、この保護者はスーパーで平気な顔をして買い物をしている S 先生、あるいはこの学校に不満を持っていたのかもしれない。

基本認識・対応の原則・関連知識

- 年次有給休暇は、教職員を含む労働者が取得できる休暇である。
- 原則として、年次有給休暇は労働者の請求した時季に与えられる。
- S 先生の行動に違法性はない。
- 保護者は、S 先生あるいはこの学校に不満を持っていたのかもしれない。

引用文献・参考文献

- 労働基準法第 39 条（年次有給休暇）
- 地方公務員法第 35 条（職務に専念する義務）

062

教育実習生の動きが悪い

ケース

　あなたは小学校2年生を担任しています。9月の後半から4週間、教育実習生Uの指導を担当することになりました。Uは大学4年生の女子学生で、授業作りには意欲的に取り組んでいました。あなたの学校の通常の日課は、8：30〜8：50まで掃除、9：00から1時間目の授業となっていますが、9月下旬のある日は、運動会の全体練習のため9：00に仮設の入場門に集合になりました。8：50まで掃除をしていたら間に合わないと判断したあなたは、実習生に「8：45に掃除を終わらせて、8：50には廊下に子どもたちを並べておいてください。」と伝え、掃除時間の短縮を運動会担当の先生に伝えようと職員室に出向きました。8：55頃教室に戻ると、子どもたちは並んでおらず、ほうきをもっている子もいます。実習生に状況を尋ねると、「子どもたちに掃除を早く終わるように言ったんですけどね〜。」という返答でした。

解説

　教育職員免許法第5条（授与）には、「普通免許状は、（中略）定める基礎資格を有し、かつ、大学若しくは文部科学大臣の指定する養護教諭養成機関において（中略）定める単位を修得した者又はその免許状を授与するため行う教育職員検定に合格した者に授与する（後略）」と規定されている。大学等で修得する単位には、教科に関する科目、教職に関する科目などがあるが、教育実習は教職に関する科目の一つで、小学校の場合5単位（事前事後指導の1単位を含む）となる。教育実習は、実習生の母校や大学の付属学校などで行われ、「学校現場での教育実践を通じて、学生自らが教職への適性や進路を

考える貴重な機会」と位置づけられている。実習校では、実習生に指導教員が付き、授業や生活指導の実習を行わせる。一方、児童生徒には、実習生であっても先生であり、実習生の言動は先生の言動なのである。その意味において、実習生は先生としての毅然とした言動に留意しなければならない。

　ケースの場合、教育実習生Ｕが指導教員の指示通り動かなかった。ここで指導教員はＵを指導することになるが、そこで焦点となるのが、Ｕがどの程度児童を動かそうとしたかである。たとえば、「掃除を終わらせようと数分前から声をかけていたが、その言動が稚拙で児童を動かせなかった」のか、「掃除は終わりですよ、と声をかけたが真剣さがなく児童が言うことを聞かなかった」のかなどである。教育実習を「教職への適性を考える機会」と捉えるならば、後者の場合はまだまだ学ばなければならないことが多いということになる。教員は実務家であり、指導場面では児童生徒に真剣に対峙できなければならない。

　大学等の講義で学ぶ学校教育と実際の学校教育には、かなりの乖離がある。暗黙知と形式知は違うという以上に、大学では児童生徒を動かすスキル、生徒指導の実務、保護者との対応を学ぶことは難しい。教育実習生には、実習という貴重な機会から貪欲に学ぶ姿勢が求められる。

基本認識・対応の原則・関連知識

- 教育実習は、「学校現場での教育実践を通じて、学生自らが教職への適性や進路を考える貴重な機会」と位置付けられている。
- 教員は実務家であり、指導場面では児童生徒と真剣に対峙できなければならない。
- 大学等の講義で学ぶ学校教育と実際の学校教育には、かなりの乖離がある。

引用文献・参考文献

- 教育職員免許法第5条（授与）

教育実習生が、「出版社に就職する」と言った

ケース

あなたは小学校1年生を担任しています。9月下旬、あなたは教育実習生Hの指導を担当することになりました。Hは大学4年生の女子学生で、あなたの学校の卒業生でした。実習中のある日、Hといろいろと話をしていると、「私は小学校の教員免許は取りますが、ある出版社に就職が内定しています。大学卒業後はそこに就職しようと思います。実習は一生懸命しますのでよろしくお願いします。」とのことでした。周りの先生にこのことを話すと、「教員にならない学生がどうして教育実習に来るの?私たちは、子どものことで忙しいのに、何考えてるの。」という人もいました。

解説

教育職員免許法第3条(免許)には、「教育職員は、この法律により授与する各相当の免許状を有する者でなければならない」と規定されており、この免許は大学などで取得することができる。小学校教諭一種免許状の場合、大学卒業などの学位(学士など)と、教科に関する科目8単位、教職に関する科目41単位、教科又は教職に関する科目10単位、その他の必修科目(日本国憲法、情報機器操作など)8単位を取得しなければならない。教育実習は、教職に関する科目に含まれる5単位(事前事後指導1単位を含む)で、4週間程度の小学校での実習になる。

教員養成制度がオープンシステム(教員養成学部以外の学部でも教員免許状が取得できるシステム)である日本では、教員免許状を取得するが教員以外の職に就きたいと考える学生は多い。企業で働いた後、「やはり教員にな

りたい。」と思い、転職する人もいる。Hがどのような経緯で出版社就職を決めたのかは不明であるが、教員免許状取得に必要な単位は、大学へ入学してから計画的に取得してきたのである。

　学校の教員は慢性的に多忙である。そのような中で、当面教員にならないHの教育実習指導を快く思わない教員の意見は理解できる。しかし、「私たちは、子どものことで忙しい」が、Hの教育実習指導を否定する理由にはならない。しかもHは、当該小学校の卒業生なのである。

　近年、企業の新卒者採用内定時期が早まっている。一方、教育実習の日程は各実習校が決めるが、学校行事の関係から6月や9月に設定されることが多い。このような状況から、企業説明会や採用面接が教育実習と重なる学生が出てくる。大学では実習校に配慮して、「就職活動は個人的な活動であり、授業である教育実習を優先すべきである」や「就職活動を取るのか教育実習を取るのか、どちらかを自分で決定せよ」とするところが多いようであるが、教員免許状取得をめざして計画的に単位を取ってきた学生にとっては理不尽である。この課題に対しては、現在有効な解決策はないが、実習校、大学ともに、学生を追い込むような対応は避けなければならない。

基本認識・対応の原則・関連知識

- 教育職員は、各相当の免許状を有する者でなければならない。
- 教育実習は、教職に関する科目の5単位（事前事後指導1単位を含む）である。
- 教員養成制度がオープンシステムである日本では、教員免許状を取得するが教員以外の職に就きたいと考える学生は多い。
- 企業説明会や採用面接が、教育実習と重なる学生が出る。

引用文献・参考文献

- 教育職員免許法第3条（免許）

ビオトープで金魚を飼ってくれと言われた

あなたは小学校2年生を担任しながら、校務分掌で運動場横にあるビオトープの管理を担当しています。10月のある日、校区内にある神社の氏子総代の方から、「先日神社で、大祭式典（秋祭り）を行ったのですが、そのとき露店で使った金魚が余りました。そちらの小学校にはビオトープがあると聞いたのですが、その池で飼ってもらえませんか。」と電話がありました。

解説

文部科学省は、学校ビオトープは、「環境教育の教材として学校の敷地内に設けられた、地域在来の昆虫や動物などの生き物がくらすことのできる草地や池などの空間のこと」と定義し、次の2点を利点としてあげている。

①地域の野生生物が移動する際の踏み石状の中継地としての役割を果たす。

②限られた面積ながらも、その地域の野生生物の生息・生育地として半永久的に確保され、遺伝子保存の場として機能する。

ここでは学校ビオトープは、「野生の生きものが移動できるよう、自然のかたまりを確保する」という生物多様性を取り戻すためのエコロジカルネットワークの一地点と位置付けられ、そこには「学校ビオトープに生息している動植物は野生であり、自然の生態系の一部である」という前提がある。すなわち、そこに自然の生態系を圧迫する外来種（人為的に自然分布域外へ移動させた生物）を導入することは許されない。

ケースの場合であるが、金魚のルーツは中国であり、そもそも野生には生息しているものではない。その他の身近な外来種としては、アメリカザリガ

ニ、ウシガエル、ミドリガメ（ミシシッピアカミミガメ）、ブラックバス（オオクチバス）、カダヤシなどがある。

　一方この施設を、草木や池がある中で児童が遊ぶ自然園（校庭の一部）と考えるのであれば、上記の制限は受けない。小学校では、生活科、理科、総合的な学習の時間などで、動植物の飼育栽培、観察をする機会は多い。また、昆虫や魚が好きだという児童も多い。このような活動、児童のためには、自然園の果たす役割は大きい。学校の当該施設を、学校ビオトープと位置付けるのか、自然園と位置付けるのかは、施設管理上の重要な点である。他の教員の意見を聞き、最終的には校長の判断により、明確にしておく必要がある。

　小学校は、授業に地域人材を招いたり、登下校の見守りを地域の方々が行っていたりと、地域とのつながりが強い。そのため、地域の方々からの動植物の持ち込みも多い。折角のご厚意であるが、事情を丁寧に説明し原則的にはお断りする。無断の持ち込みは、拾得物として警察に届けることになる。

基本認識・対応の原則・関連知識

- 学校ビオトープは、「環境教育の教材として学校の敷地内に設けられた、地域在来の昆虫や動物などの生き物がくらすことのできる草地や池などの空間のこと」と定義される。
- 学校ビオトープの動植物は自然の生態系一部であるため、そこに外来種等は導入できない。

引用文献・参考文献

- 文部科学省　平成 17 年 (2005)　文部科学白書
- 田邊龍太　2013　水山光春編著　よくわかる環境教育　ミネルヴァ書房　pp.84-85
- 文部科学省　平成 16 年 (2004)　環境を考慮した学校施設に関する調査研究協力者会議　環境を考慮した学校施設（エコスクール）の現状と今後の整備推進に向けて

ケース No. 065

校区内の公園でボール遊びが禁止になった

ケース

あなたはM市立小学校に勤務している教員です。校区内に大きなR公園がありますが、M市の公園担当部局から、「R公園では、今後ボール遊びを禁止することになった。全児童と保護者に周知してほしい。」と連絡がありました。

解説

市町村に設置されている公園は、広いものから地区公園（4ha以上）、近隣公園（2haを標準とする）、街区公園（0.25haを標準とする）に分けられる。これらの公園での禁止事項（野球、サッカー、バーベキュー、花火、大声を出すこと）は、全国的に拡大の方向にある。

禁止事項を比較すると、野球、サッカーとバーベキュー、花火では内容がやや異なる。児童が使うという意味で、野球やサッカーに焦点を当てると、たとえば川崎市では、子育て世代の市民からはボール遊び許可の要望、近隣住民からはボール遊び禁止の要望があるということである。ただ地域によっては、子どものボール遊びに好意的な近隣住民の見守りによって、ボール遊びができる公園もあるという。小学校としては、連絡通り全児童と保護者にボール遊び禁止を周知することになるが、同時に児童のボール遊びの場を確保するため、実行可能な策を検討する。監督者がいれば、学校の運動場の開放なども考えられるであろう。

公園は、誰のためにあるのかという根本を問いかける問題である。

基本認識・対応の原則・関連知識

- 公園での禁止事項は、全国的に拡大の方向にある。
- 公園は、誰のためにあるのかという根本を問いかける問題である。

引用文献・参考文献

- 川崎市　平成 30 年 (2018)　公園でのルール作りのガイドライン (ボール遊び)

ケース No.
066

早朝、車同士の事故があり、通学路にガラス片が散乱している

ケース

　あなたは小学校3年生を担任しています。ある日、授業準備のため午前7時頃に出勤しました。すると電話が鳴り、「集団登校の通学路の交差点で車同士の事故があり、一台の車が角のたばこ屋に突っ込んだ。辺りにはガラス片が散乱しており、このままでは通学に危険だ。」という保護者からの電話でした。あと数分もすれば、校長先生、教頭先生、他の先生も出勤してくると思われます。

解説

　登下校中の安全について、学校は細心の注意を払わなければならない。通学に際しては、一つの通学路を指定し、児童生徒には登下校時いつもその通学路を使うよう指導する。児童生徒が指定された通学路を通常の方法で登下校した場合、「学校管理下」ということになる。

　ケースの場合、早朝この通学路で交通事故が発生し、、通学に危険な状況になった。この学校は集団登校を行っているが、午前7時という時刻から、まだ集団登校の出発前であると考えられる。保護者からの第一報を受けたあなたは、校区地図で場所を確認する。もし不明な点があれば、警察署に電話し詳細を聞く。間もなく校長等が出勤するようであるが、それまでにできるだけ具体的な緊急安全対策を考えておくのがよい。まず、事故現場に派遣する教職員の人数を決める。交差点であれば少なくとも4人、それぞれの道に立ち、登校する児童に迂回を指示する。続いて当該地区の地区委員（PTA ま

たは子ども会の委員で、その地区の集団登校の指導を担当する）に事故の発生と登校の迂回を連絡する。また幾人かは事故現場に立ってもらう。校長出勤後は、これらの安全対策を進言し、指示を仰ぐ。

このケースの一報は、保護者からの電話であった。学校と保護者や地域社会との関係は、児童の問題行動の情報連携に終始しがちであるが、この場合のような児童の安全についての情報は、学校にとってはたいへんありがたい。この保護者や動いていただいた地区委員には、校長とPTA会長がそれぞれを代表して謝辞を述べるのがよい。このようなことがきっかけで、学校と保護者、地域社会の連携は、さらに進展するのである。

学校の危機は、いつどのようなタイミングで発生するかわからない。どんな立場にあろうと、最適な判断、対応、行動ができるよう、さまざまな知識を身に付けておきたい。

基本認識・対応の原則・関連知識

- 児童生徒の通学に際しては、一つの通学路を指定し、児童生徒がこの路を通常方法で登下校した場合「学校管理下」ということになる。
- 保護者からの第一報を受けた教員は、校区地図で場所を確認、派遣教職員数の決定、地区委員への連絡を行う。
- 保護者や地区委員には、校長とPTA会長がそれぞれを代表して謝辞を述べる。
- 学校の危機に際しては、どんな立場にあろうと、最適な判断、対応、行動ができるよう、さまざまな知識を身に付けておく。

引用文献・参考文献

- 全国公立学校教頭会　2013　Q＆A学校管理・運営の法律知識　学校事故　新日本法規出版　pp.728-731
- 文部科学省　平成22年（2010）　生徒指導提要　第8章学校と家庭・地域・連携機関との連携　pp.212-217

147

第 2 章

養 護 教 諭 編

教室で遊んでいた女子児童が滑って後頭部を強打した

ケース

あなたは小学校で養護教諭をしています。ある日、友だちと教室で遊んでいた4年生女子児童Sが足を滑らせて後ろに転倒し、後頭部を床で強打しました。教室にいた担任の先生が驚いて確認すると、Sの目は上転し、意識も半分ないような状態だったといいます。近くにいた先生が保健室に担架を取りに来て、数人がかりで保健室に運ばれてきました。

解説

児童が後頭部を強打した場合、頭部では次の6つのいずれか、または幾つかが起こっていると考えられる。①打撲、②出血、③頭蓋骨の骨折、④頸椎の損傷、⑤頭蓋内出血、⑥脳の損傷である。医療機関ではこれらをCT（コンピュータ断層撮影）で確認するが、学校では医療機関での処置が行われるまでの救急処置を行う。

女子児童Sは「目は上転し、意識も半分ないような状態」であるが、数分後に意識回復すれば脳震盪（一過性の意識消失）ということになる。しかし、何度も痙攣や意識障害を繰り返すなら頭蓋内出血や脳の損傷の可能性が考えられる。保健室では、Sの痙攣による予期せぬ動きに備え、周囲の物品を片付ける。またベッドからの落下と嘔吐の可能性を考え、床に横向けに寝かせる。頸椎の損傷の可能性を考え、首を大きく動かさない、などの対応をする。

学校としては、すぐに救急車の出動を要請し、養護教諭付き添いで医療機関へ搬送する。学級担任は、時間を空けず保護者に連絡し、状況の説明とかかりつけの医療機関の確認をおこなう。学校の他の教職員は、周囲にいた児

童から事故の状況を聞き取り、時系列に沿って記録する。

　これは誰にでも起こり得る事故であるが、Sと一緒に遊んでいた児童の中には、必要以上に責任を感じてしまう児童がいるかもしれないので事後指導が必要である。学級担任には、一緒に遊んでいた児童の保護者への状況説明と、今後同じ事故が起こらないよう学級での指導が必要になる。

- 学校では、医療機関での処置が行われるまでの救急処置を行う。
- 保健室では、Sの痙攣による予期せぬ動きに備え、周囲の物品を片付ける。またベッドからの落下と嘔吐の可能性を考え、床に横向けに寝かせる。
- すぐに救急車の出動を要請し、養護教諭付き添いで医療機関へ搬送する。

引用文献・参考文献

- 日本学校保健会　2012　学校保健の課題とその対応－養護教諭の職務に関する調査結果から－　pp.18-21
- 渡辺英寿　2018　衛藤隆他（編）　最新Q&A教師のための救急百科第2版　大修館書店　p.153

全校集会で、男子児童が勢いよく前に転倒した

ケース

　あなたは小学校で養護教諭をしています。ある朝の体育館での全校集会の時、6年生の男子児童Gが勢いよく前に転倒しました。近くにいた先生が起こそうとすると、身体は硬く、顔面蒼白で、表情もこわばっていました。担架を使って数人の先生で保健室に移動させたところすぐに表情は戻り、保健室に着いた頃には意識もはっきりしていました。

解説

　集会中に児童が倒れることはよくある。小学校の児童は、体調が悪くてもギリギリまで我慢することがあるため、突然崩れるように倒れるのである。ケースのGも、そうだったのかもしれない。

　Gが倒れた原因は、多数考えられる。起立していたことから貧血、暑い中であるなら熱中症、栄養に偏りがあったなら低血糖症、病気が原因なら過呼吸、てんかん、心筋症などである。ケースの場合、二次的な負傷(倒れたことによる打撲や裂傷)にも気をつけながら、担架などで安全な場所に移動させる。その際は、気道確保のため横向けに寝かせる。Gは間もなく意識を回復したようであるが、原因が不明なため医療機関で受診し、保護者へ連絡する。

　また、Gが倒れたのが集会中であるため、周りの多くの児童がその様子を見ており、多少の動揺があると考えらえる。学級担任から「みなさん、Gくんのことが心配だろうけど、大丈夫みたいよ。今、お母さんと病院へ行きました。」などと、簡単に経緯を説明することで、周りの児童は通常の生活に戻

ることができる。

　学校では、このような突発的な事故に対する危機管理を怠ってはならない。養護教諭が近くにいないとき、全ての教職員が一人ででも対応できるよう、緊急連絡先（救急車の出動依頼、主治医・学校医への連絡、近くの医療機関への連絡、保護者への連絡）、AED の設置場所と使用方法、担架の設置場所、アナフィラキシー用のアドレナリン自己注射の設置場所と使用方法などについて、明確にしておかなければならない。全教職員の危機管理体制の理解、設備や器具の使用法を、学校の定期的な教員研修で徹底する必要がある。

基本認識・対応の原則・関連知識

- 倒れた原因は多数考えられるが、二次的な負傷にも気をつけながら担架などで安全な場所に移動させる。
- 原因が不明なため医療機関の受診、保護者への連絡を行う。
- 周りにいた児童には、学級担任から簡単に経緯を説明する。
- 全教職員の危機管理体制の理解、設備や器具の使用法のを、学校の定期的な教員研修で徹底する。

引用文献・参考文献

- 文部科学省　平成 23 年 (2011)　教職員のための子どもの健康相談及び保健指導の手引　pp.103-104

追いかけっこをしていた男子児童が親指を深く挫傷した

ケース

　あなたは小学校で養護教諭をしています。ある日の休憩時間、渡り廊下で追いかけっこをしていた３年生の男子児童Ｍが、フックで留めてあったドアに手を引っ掛け、親指を深く挫傷しました。近くにいた先生が、止血をしながらＭを保健室に連れてきました。

解説

　挫傷とは、鈍体による打撲や圧迫によって体内の組織や臓器が損傷した状態をいい、皮膚を打った場合は打撲、皮膚が裂けて傷口が開いた場合は挫創という。ケースの場合は、出血しているので挫創である。

　傷がどのようなものかはケースからは読み取れないが、傷が汚れている場合は水道水で洗い流す。近年、消毒薬の効果について見直そうという傾向があり、すぐに医療機関へ搬送するのであれば消毒の必要はない。出血については、血が止まるまで清潔なガーゼを当て圧迫止血する。もし脈に合わせて波を打つように出血している場合は、深くにある太い血管を損傷している可能性があるので、傷より心臓に近い関節部分をタオルやハンカチでねじり上げて止血する。

　この間、養護教諭と周りの教員は、Ｍとその周辺児童に安心感を与える行動を心がける。血液や、血液が付着したティッシュ、タオルなどは、ゴム手袋を着用して廃棄し、Ｍ以外の者が直接触らないようにする。

　その後、養護教諭が付き添い救急車で医療機関に搬送することになる。医

療機関では、すぐに局所麻酔をして縫合することになろう。一方、学級担任は、Mの負傷の経緯について記録する。Mが傷を負った時刻、どのような状況で傷を負ったのか、それを見ていた児童は誰か、近くにいた教員や養護教諭がどのように応急手当をしたのかなどを詳細に記録するのである。この記録は、医療機関が傷の範囲や深さ、骨や他の箇所への影響を推察する上での資料となる。

基本認識・対応の原則・関連知識

- 傷が汚れている場合は水道水で洗い流す。
- 近年、消毒薬の効果について見直そうという傾向があり、すぐに医療機関へ搬送するのであれば消毒の必要はない。
- 出血については、血が止まるまで清潔なガーゼを当て圧迫止血する。
- 養護教諭が付き添い救急車で医療機関に搬送する。
- 学級担任は、Mの負傷の経緯について記録する。

引用文献・参考文献

- 文部科学省　平成 23 年（2011）　教職員のための子どもの健康相談及び保健指導の手引　pp.82-83

ケース No. 070

縄跳びの練習をしていた男子児童が転倒して額を深く切った

ケース

　あなたは小学校で養護教諭をしています。ある日、下足室で縄跳びの練習をしていた6年生の男子児童Nの縄が近くの傘立てに引っ掛かり、Nは転倒しました。そのとき別の傘立ての角に当たったようで、Nの額が深く切れました。N本人が、傷口を抑えながら顔面血だらけで保健室に来ました。周りにはたくさんの児童が心配そうに集まっています。

解説

　Nは転倒して額に裂創を負った。裂創とは、外から強い力が加わったために皮膚が切れた、あるいは裂けた傷である。大量の出血があったようで、傷が深部にまで及び、頭蓋骨の損傷、目や眼窩底の損傷、神経系の損傷の可能性がある。

　裂創部が汚れている場合は水道水で異物や汚れを洗い流し、清潔なガーゼなどで圧迫止血する。N本人が保健室に来たことから、意識ははっきりしているようであるが、時間を空けず、養護教諭が付き添い救急車で医療機関へ搬送する。並行して、学級担任は保護者に連絡し、かかりつけの医療機関や服用している薬はないか確認する。また、他の教職員は、Nが転倒した時に周りにいた児童からその状況を聴き取り、時系列に沿って記録する。この記録は、医療機関での治療や後に別症状が出てきたときの参考になる。ケースのように大量の出血があった場合、それを見ていた児童がPTSD（外傷後ストレス障害）に陥ることがある。養護教諭と学級担任は、これらの児童への

事後指導にも注意しなければならない。

　学校における救急処置は、学校保健安全法第7条(保健室)や同法第10条
(地域の医療機関との連携)に規定がある。その内容は、以下の7点に集約さ
れる。

　①救急箱、担架、AEDなどを整備し、設置位置や使用法が周知する。

　②全教職員は、役割分担に従い速やかに行動する。

　③救急隊員や医療機関と連携する。

　④保護者や関係者に適切に連絡する。

　⑤事故などの状況の記録を取り、適切に活用する。

　⑥事故後の児童生徒の回復のための事後指導に留意する。

　⑦救急処置についての校内研修を定期的に実施する。

基本認識・対応の原則・関連知識

- 外から強い力が加わった傷の場合、傷が深部にまで及び、頭蓋骨の損傷、
  目や眼窩底の損傷、神経系の損傷の可能性がある。
- 時間を空けず、養護教諭が付き添い救急車で医療機関へ搬送する。
- 学級担任は保護者に連絡し、かかりつけの医療機関や服用している薬は
  ないか確認する。

引用文献・参考文献

- 学校保健安全法第7条(保健室)
- 学校保健安全法第10条(地域の医療機関との連携)
- 西　明　2018　衛藤隆他(編)　最新Q & A教師のための救急百科第2版　大修館書
  店　p.121
- 日本学校保健会　2012　学校保健の課題とその対応－養護教諭の職務に関する調査結
  果から－　pp.18-21

ケースNo.
071

腹痛を訴えて保健室に来た児童が「痛い！」と叫びながら床の上を転がる

ケース

　あなたは小学校で養護教諭をしています。ある日の５時間目、５年生の女子児童Ｋが腹痛を訴えて保健室に来ました。近くのトイレに行かせましたが、３分以上経っても帰ってこないので見に行くと、目を閉じて和式便器の横に座り込んでいます。顔色は青黒く、皮膚は冷たく、脂汗が出ていました。呼びかけにもはっきり応えられず、目はうつろです。すぐに近くの先生を呼び、担架で保健室のベッドに運びましたが、強い腹痛で、「痛い！痛い！」と叫びながら床の上を転がります。数分後には腹痛はおさまり始めましたが、顔面が腫れてきました。

解説

　腹痛の原因は非常に多い。消化器からは、排便の不調、食中毒、急性虫垂炎、急性胃腸炎、胃潰瘍、腸閉塞など、その他の臓器からは、生理、尿管結石、胆管結石、外圧による腹痛、ストレスによる心身症としての腹痛などである。腹痛を訴える児童が保健室に来室したときは、いつ頃からの腹痛なのか、どのような腹痛なのかなどを聞きながら、衣服をゆるめ、ベッドに安静に寝かせる。体温を測り、歩けるようであればトイレに行かせる。養護教諭としては、これらと並行して保健室で休ませるのか、医療機関へ搬送をするのかを判断する。

　ケースの女子児童Ｋは、「トイレに座り込んでいた」「痛い、痛いと叫びながら床の上を転がる」などの様子から、かなり激しい痛みがあることがわか

る。また、5時間目に来室したことから、給食または弁当が原因の可能性がある。「顔面が腫れてきた」ことから、臓器異常の可能性もある。養護教諭としては、すぐに救急車を呼び、自分が付き添いKを医療機関へ搬送することになる。学校に残った学級担任は、保護者に連絡し、腹痛でKを医療機関へ搬送したことを伝え、Kの既往症、アレルギーはあるのか、服用している薬、今朝の様子、などを聞きだし、医療機関にいる養護教諭に連絡する。学級担任と養護教諭の緊密な連携が必要なケースである。

　腹痛の原因が便秘であることは多い。学校で大便をすることを、恥ずかしいと思っている児童も多いことにも触れながら、必要に応じて養護教諭が学級指導や保護者集会で講話を行なうことが重要である。朝の排便習慣、規則正しい食事、食物繊維の摂取など、児童本人の生活習慣と家庭の食習慣に関わる指導である。

基本認識・対応の原則・関連知識

- 腹痛の原因は非常に多い。消化器関係、他の臓器関係、ストレスによる心身症などがある。
- 「顔面が腫れてきた」ことから臓器異常の可能性があり、すぐに救急車を呼び養護教諭が付き添いKを医療機関へ搬送する。
- 学級担任は保護者に連絡し、腹痛でKを医療機関へ搬送したことを伝える。
- 腹痛の原因が便秘であることが多く、必要に応じて養護教諭が学級指導や保護者集会で講話を行なう。

引用文献・参考文献

- 日本学校保健会　2012　学校保健の課題とその対応－養護教諭の職務に関する調査結果から－　pp.74-75

児童生徒 × 危機

児童が別の児童にぶつかられ、転倒して前歯を折った

ケース

　あなたは小学校で養護教諭をしています。教室内で走っていた5年生の男子児童Bがつまずき、黒板前に立っていた女子児童Oにぶつかりました。Oは手をつく間もなく前に転倒し、前歯を床で強打しました。そのとき担任の先生は不在でした。別の児童の知らせで、担任の先生が教室に戻ると、Oの永久歯の前歯1本が半分に折れ、もう1本の一部が欠けていました。担任の先生がOを連れ、歯の欠片をもって保健室に来ました。

解説

　多くの児童の歯は、小学校在学中に乳歯から永久歯に生えかわる。また、小学校では、児童が転倒などにより歯を損傷するという事故は珍しいことではない。ケースの女子児童Oは、転倒により前歯を2本損傷した。

　児童が歯を損傷した場合、口の中を観察して脱落した歯、欠けた歯、ぐらぐらしている歯、出血の状況、意識障害はないかなどを確認する。外力を受けた歯は歯根への血流が止まるため、赤黒くあるいは半透明に変色することがある。脱落した歯、折れた歯がある場合は、それらを探し出し、生理食塩水または牛乳に浸し、乾燥しないようにして保存する。保健室に、歯の保存液が常備されていることもある。児童は養護教諭付き添いで、歯科あるいは口腔外科がある医療機関に搬送する。

　歯が脱臼したり折れた場合、どの部位か、どの程度か（エナメル質の損傷、象牙質の損傷、歯髄の損傷、歯根の損傷）、破損してからどのくらい経過したかにより、治療法や回復期間はまちまちである。再植できる場合もある。

ケースの場合、Ｏの転倒の原因は「ＢがつまずいてＯにぶつかった」ことであり、Ｂに過失があるとはいえ故意の行動ではない。しかし、このような事故が補償問題になることもある。事故は休憩時間に起こったと思われるが、独立行政法人日本スポーツセンター法施行令第５条（学校の管理下における災害の範囲）により休憩時間は学校管理下となる。教員には、学校管理下の児童の安全配慮義務があり、事故が予見できた場合、安全配慮義務違反に問われることになる。学級担任および養護教諭は、Ｂや周りにいた児童から聴き取った内容を、Ｏの保護者に丁寧に説明する必要がある。

基本認識・対応の原則・関連知識

- 脱落した歯、折れた歯がある場合は、生理食塩水などに浸し、乾燥しないようにして保存する。
- 児童は養護教諭付き添いで、歯科あるいは口腔外科がある医療機関に搬送する。
- 教員には、学校管理下の児童の安全配慮義務があり、事故が予見できた場合、安全配慮義務違反に問われることもある。
- 学級担任および養護教諭は、周りにいた児童から聴き取った内容を保護者に丁寧に説明する。

引用文献・参考文献

- 独立行政法人日本スポーツセンター法施行令第５条（学校の管理下における災害の範囲）
- 文部科学省　平成23年（2011）　教職員のための子どもの健康相談及び保健指導の手引　pp.96-97
- 渡辺和宏　2018　衛藤隆他（編）　最新Ｑ＆Ａ教師のための救急百科第2版　大修館書店　pp.160-163
- 子どもの権利に関する研究会　2017　Ｑ＆Ａ子どもをめぐる法律相談　新日本法規出版　pp.829-831

073

足が絡まって倒れた児童が足を負傷し、自力歩行ができなくなった

ケース

あなたは小学校で養護教諭をしています。雨の日、教室内で5年生の男子児童SとRが、足を掛け合いながら遊んでいました。2人が勢いよく倒れた際、足が絡まっていたためSの全体重がRの足にかかりました。担任の先生から保健室に連絡が入り、あなたが教室に行くと、Rの脛(すね)の中央が大きく腫れあがり、大きな声で泣いていました。Sはその横に立っています。Rを保健室に連れて行こうとすると、自力歩行ができませんでした。

解説

骨折した場合、患部に激しい痛みがあり、患部が大きく腫れてくる。また、患部の不自然な変形や皮下出血、患部から先の筋肉が動かせないなどの症状が出る場合もある。ケースの場合、「脛の中央が大きく腫れあがる」「自力歩行ができない」ということから、骨折の可能性が高い。骨折しているのか否かはレントゲン撮影しなければわからないが、養護教諭としては、骨折していると考え救急処置を行う。

移動させられる場合は、担架等で保健室に移動する。移動させるのが難しい場合は、周りの児童を別教室に移し、児童をその場で安静に保つ。すぐに救急車の出動を要請する。意識がはっきりしない場合や呼吸や脈拍に乱れがある場合は、その場で絶えず呼びかける。続いて、患部を固定するために副子をする。副子は、適当な長さの木材を用い、膝の上と足首の下を包帯などで縛る。この間、骨が変形していたとしても動かしてはならない。通常、患

部を固定すると痛みは軽減するが、副子での固定は医療機関での受診までの救急処置である。

　救急車到着後は救急隊員の指示に従い、養護教諭は医療機関に同行する。学級担任はすぐに保護者に連絡し、Ｒの状況を伝えるとともに、かかりつけの医療機関、または搬送してほしい医療機関を聞き出す。続いて、Ｓや周辺にいた児童から事故の様子を聴き、時系列に沿って記録する。また、Ｓは強く責任を感じているようなので、Ｓの保護者に連絡するとともに、精神的なケアを行う。

基本認識・対応の原則・関連知識

- 「脛の中央が腫れあがる」「自力歩行ができない」ということから、骨折の可能性が高い。
- 児童を安静に保ち、すぐに救急車の出動を要請する。
- 学級担任はすぐに保護者に連絡し、Ｒの状況を伝えかかりつけの医療機関を聞く。

引用文献・参考文献

- 関矢仁　2018　衛藤隆他（編）　最新Ｑ＆Ａ教師のための救急百科第2版　大修館書店　pp.182-183
- 坪山大輔・玉井和哉　2018　衛藤隆他（編）　最新Ｑ＆Ａ教師のための救急百科第2版　大修館書店　p.184

ぶつかって転倒した児童の右側上肢の骨が変形していた

あなたは小学校で養護教諭をしています。ある日の昼休み、ボールを使った鬼ごっこをしていた6年生の女子児童Kが、同じく鬼ごっこをしていた別の学年の児童Mと勢いよくぶつかりました。Kは転倒して痛みで動けなくなったため、別の児童が保健室にあなたを呼びにきました。Kの右側上肢の骨が明らかに変形しており、近くの先生に集まってもらい、担架でKを保健室に運びました。

解説

「右側上肢の骨の変形」から、骨折の可能性が高い。骨折には、患部の腫れ、患部の変形、激しい痛みが伴う。激しい痛みを伴う場合には、患部の固定が完了するまで動かしてはならない。すぐに医療機関で受診し、手術することになる。

ケースの場合、Kが動けなくなったため別の児童が保健室に連絡し、担架で保健室へ運んだのは適切な対応であった。保健室では、適当な長さの木などを使い、患部に副子をする。副子は、骨折部の前後の関節を超えて当て包帯で縛るのが原則である。ケースの場合患部は上肢であるので、肩関節の上と肘関節の下を縛る。通常、副子による固定で痛みは軽減する。この固定は、医療機関受診までの応急手当である。その後は、RICEと呼ばれる手当を行い、救急車の到着を待つ。RICEとは、Rest（安静にすること）、Icing（冷却すること）、Compression（圧迫すること）、Elevation（心臓より高い所にあげる）の略である。並行して学級担任は保護者に連絡し、事故の経緯を説明する。

また、Mや周りにいた児童からKの転倒の状況を聴き取り、時系列に沿って記録する。

　救急車には養護教諭が同乗し、救急隊が指定する救急病院へ搬送するが、保護者がかかりつけの医療機関を指定した場合、それに従うことも多い。

基本認識・対応の原則・関連知識

- 骨折には、患部の腫れ、患部の変形、激しい痛みが伴う。患部の固定が完了するまで動かしてはならない。
- 保健室では、適当な長さの木などを使い、患部に副子をする。
- 副子による固定の後、RICEと呼ばれる手当を行う。
- 救急隊は救急病院へ搬送するが、保護者がかかりつけの医療機関を指定した場合、それに従うことも多い。

引用文献・参考文献

- 関矢仁　2018　衛藤隆他（編）　最新Q＆A教師のための救急百科第2版　大修館書店　pp.172　180-183
- 坪山大輔、玉井和哉　2018　衛藤隆他（編）　最新Q＆A教師のための救急百科第2版　大修館書店　pp.184-187

075

ぶつかって意識がない児童を他の児童が移動させようとしていた

　あなたは小学校で養護教諭をしています。ある日の昼休み、3年生の女子児童Cが運動場で追いかけっこをしていたところ、6年生の男子児童とぶつかって転倒し、頭を地面に打ち付けて意識がなくなりました。周りにいた児童が、保健室にあなたを呼びに来ました。職員室に応援を頼み、担架をもって運動場へ走ると、6年生の女子児童が背後からCを抱え上げ、引きずるようにして校舎横に移動させようとしていました。

　Cの意識がないとのことであるが、この時点でCがどのように損傷しているのか、何が原因かは判断できない。まず脳震盪が考えられるが、数分程度で回復しないなら、より重篤な頭蓋内出血、脳挫傷の可能性がある。

　養護教諭としては、まず「女子児童がCを抱え上げ・・・移動させようとしていた」のを見た瞬間、大声で動かさないよう指示する。Cは、頸椎を損傷している可能性もあり、決して動かしてはならない。倒れた状態で、「私は誰ですか？」「ここはどこですか？」などと問いかけ、意識の有無や回復の程度を確認する。同時に救急車の出動を要請する。意識がないだけの場合は安静を保つが、呼吸がない場合は蘇生処置を行う。万一脈がない場合はAEDの使用を躊躇してはならない。救急車が到着した後は、これらの処置は救急隊員に任せる。意識が回復した場合にも養護教諭付き添いで医療機関へ搬送する。学校に残る学級担任は、すぐに保護者に連絡し事故の経緯を説明する。

また、ぶつかった相手の６年生男子児童に怪我がないのを確認し、周囲にいた児童から事故のようすを聴き取り、時系列に沿って記録する。

　Ｃを移動させようとした女子児童は、６年生ということからＣと面識がないかもしれない。例えば、炎天下で倒れたＣを陰に移動させようとしたなど、善意からの行動だと考えられる。学級担任から、お礼と同時に「なぜ今回、動かしてはいけなかったのか」を丁寧に説明する。このような、主体的に行動できる児童を委縮させてはならない。

基本認識・対応の原則・関連知識

- 脳震盪が考えられるが、数分程度で回復しないなら、より重篤な頭蓋内出血、脳挫傷の可能性がある。
- 頸椎を損傷している可能性があり、決して動かしてはならない。
- 人、時間、場所などを問いかけ、意識の有無や回復の程度を確認する。
- Ｃを移動させようとした女子児童には、お礼と同時に「なぜ今回、動かしてはいけなかったのか」を丁寧に説明する。主体的に行動できる児童を委縮させてはならない。

引用文献・参考文献

- 市橋光　2018　衛藤隆他（編）　最新Ｑ＆Ａ教師のための救急百科第２版　大修館書店　pp.78-79

ケース No.
076

右目に至近距離からドッジボールが当たった児童が来室した

ケース

あなたは小学校で養護教諭をしています。5年生3組は体育の時間に、体育館でドッジボールをしていました。その試合中、女子児童Uの顔面に至近距離からボールが当たり、担任の先生に連れられて保健室へ来ました。右目部分に当たったようで、Uは痛くて目が開けられず、泣いています。保健室で瞼を開けてみると、結膜が真っ赤になっていました。目が大きく開けられないため、眼球運動のチェックはできません。

解説

小学校では、児童の目に至近距離からドッジボールが当たることはしばしばある。目が損傷することがあり、その程度は眼球破裂、前房出血（虹彩のつけ根が裂けて出血）、外傷性虹彩炎（軽い充血と明るい所での眼痛）、網膜剥離（網膜に穴が開く）、網膜出血（網膜内に出血）、網膜振盪症（網膜感度が一時的に低下）などさまざまである。すぐに医療機関で受診しなければならない。

ケースのUは、結膜が真っ赤で目が開けられないということであるが、損傷の程度はわからない。応急手当としては、目が汚れている場合は水道水で洗い、目を圧迫しないようにガーゼで眼帯をし、冷やす。同時に、救急車を要請し、養護教諭付き添いで医療機関へ搬送する。

事故は体育の授業時間ということであるので、学級担任は授業を他の教員と代わり、保護者に連絡し事故の経緯を説明する。また、周囲の児童から事

故の状況を聴き取り、時系列に沿って記録する。ボールを投げた児童は責任を感じていると思われるが、故意ではないので学級担任からのケアが必要である。

体育の授業には危険が伴うことがあり、指導する教員には高度な安全配慮義務が課されている。ケースの事故においては、当該授業内容が学習指導要領に沿った学校の年間指導計画に位置付けられており、「首から上には当てない」などの競技をする上での指導がなされていれば、教員に安全配慮義務違反が問われることはない。

基本認識・対応の原則・関連知識

- 目が汚れている場合は水道水で洗い、目を圧迫しないようにガーゼで眼帯をし、冷やす。
- 救急車を要請し、養護教諭付き添いで医療機関へ搬送する。
- 学級担任は授業を他の教員と代わり、保護者に事故の経緯を説明する。また、周囲の児童から事故の状況を聴き取り、時系列に沿って記録する。
- 体育の授業には危険が伴うことがあり、指導する教員には高度な安全配慮義務が課されている。

引用文献・参考文献

- 平原敦子　2018　衛藤隆他（編）　最新Ｑ＆Ａ教師のための救急百科第2版　大修館書店　pp.144-145
- 子どもの権利に関する研究会　2017　Ｑ＆Ａ子どもをめぐる法律相談　新日本法規出版　pp.825-828

077

滑り台の上から落下した児童が、「歩けるが首が痛い」と言う

あなたは小学校で養護教諭をしています。20分休みに運動場の滑り台の上にいた2年生の女子児童Jが、滑り台側から上ってきた友だちKとタッチしようとした際、身体のバランスを崩して地面に落下しました。Jは動くことができず、別の児童が保健室のあなたを呼びに来ました。担架をもって滑り台に向かっていると、担任の先生とゆっくり歩いてくるJが見えました。歩くのをやめさせ、運動場に座らせて状況と症状を訊くと、「ゆっくり歩くことはできるが、首が痛い。」と言います。

解説

Jは、約2mの高さから転落したと考えられる。どのような姿勢で転落したのか、地面の形状、障害物の有無など、詳しいことは現在のところわからない。転落の姿勢や地面の形状により、身体の損傷の程度は異なる。「担任の先生とゆっくり歩いてくる」ことから、意識はあると考えられる。

児童が高所から転落したとき、意識の消失があっても5分以内で、その後の意識がはっきりしており、身体の動きに異常がなければ、ひとまず安心と言われる。しかし、頭からの転落では頭部や頸椎の損傷、身体が地面と平行な状態での転落では胴体や内臓の損傷、足からの転落では下肢の骨折や関節の損傷が起こり得る。そのような可能性を考えると、転落した児童の移動は、軽傷だと思われても担架を用いた方がよい。保健室には必ず担架が設置されているので、学級担任はこの到着を待つべきであった。「首が痛い」というこ

とから、頸椎を損傷している可能性がある。頭部はできるだけ動かさず、養護教諭付き添いで医療機関へ搬送する。並行して学級担任は、保護者に連絡し、周囲にいた児童から事故の状況を聴取り、記録する。

ケースのような転落事故の場合、身体のどの部位をどの程度損傷しているかは外見からは判断しにくく、表面上大丈夫であっても、数時間経てから症状が出てくることがある。必ず医療機関で受診するとともに、保護者にも家庭での注意として伝える。ケースの場合は、整形外科と脳神経外科を受診した。

基本認識・対応の原則・関連知識

- 転落の姿勢や地面の形状により、身体の損傷の程度は異なる。
- 転落した児童の移動の際は、内臓の損傷、骨折、関節の損傷の可能性があるため、軽傷だと思われても担架を用いる。
- 転落事故の場合、身体のどの部位をどの程度損傷しているかは外見からは判断しにくく、表面上大丈夫であっても、数時間経てから症状が出てくることがある。

引用文献・参考文献

- 市橋光　2018　衛藤隆他（編）　最新Q＆A教師のための救急百科第2版　大修館書店　p.87

ケース No.
078

バスケットゴールのローラーが児童の足先をひいた

ケース

　あなたは小学校で養護教諭をしています。ある日の放課後、6年生の男子児童数人がバスケットボールをして遊んでいました。下校時刻になり、全員でゴールを元に戻すため動かそうとしたときです。児童Aが他の児童に声をかけずにゴールを動かしたため、ゴールのローラーが児童Bの右足先をひきました。Bは足の痛みを訴え、保健室に来室しました。靴下を脱がせてみると、足の指先が腫れあがっていました。

解説

　学校の運動場に設置されているバスケットゴールは、児童生徒のぶら下がりや強風による転倒を防ぐため、確実に固定されている。台風など強風が予想されるときは、事前に倒しておく。万一、移動させなければならないときは、教員の立ち合いのもと事故に注意し移動させる。小学校の場合は、原則として教員が動かす。

　ケースの場合、教員は不在だったと推察される。児童にバスケットゴールの使用を許可した教員（学級担任、クラブ顧問など）には、安全配慮義務違反の可能性がある。保健室では、Bの右足首全体を水道水で洗い、ベッドに仰向けに寝かせる。右足は枕などで身体より高い位置にあげる。腫れている足の指先は包帯で強めに巻き、氷で冷やす。腫れていることから、骨折の可能性がるため、養護教諭付き添いで医療機関へ搬送する。学級担任またはクラブ顧問は、すぐ保護者に連絡し状況の説明を行う。このケースでは、教員の安全配慮義務違反の可能性があるため、家庭訪問の上、保護者への謝罪とい

うことになる。不意にゴールを動かした A は責任を感じているかもしれないが、児童全体への指導で留めるのがよい。

　学校保健安全法第 27 条（学校安全計画の策定等）には「学校においては、児童生徒の安全の確保を図るため、当該学校の施設及び設備の安全点検、児童生徒等に対する通学を含めた学校生活その他日常生活における安全に関する指導、職員の研修その他学校における安全に関する事項について計画を策定し、これを実施しなければならない」と規定されている。これに従い学校では設備や遊具の点検を定期的に行っている。バスケットゴールの破損や腐食は当然点検されているであろうが、その移動方法も「児童生徒の安全確保のための事項」であり、学校安全計画に含めなければならない。

基本認識・対応の原則・関連知識

- バスケットゴールは、児童生徒のぶら下がりや風による転倒を防ぐため、固定されている。
- 児童にバスケットゴールの使用を許可した教員には、安全配慮義務違反の可能性がある。
- 右足は枕などで身体より高い位置にあげる。腫れている足の指先は包帯で強めに巻き、氷で冷やす。
- バスケットゴールの破損や腐食の点検に加えて、その移動方法も「児童生徒の安全確保のための事項」として学校安全計画に含めなければならない。

引用文献・参考文献

- 学校保健安全法第 27 条（学校安全計画の策定等）
- 坪山大輔・玉井和哉　2018　衛藤隆他（編）　最新 Q & A 教師のための救急百科第 2 版　大修館書店　p.82
- 日本学校保健会　2012　学校保健の課題とその対応－養護教諭の職務等に関する調査結果から－　pp.15-17

業間休みに後頭部を打った児童の受傷部位を昼休みに確認すると、大きく腫れていた

ケース

　あなたは小学校で養護教諭をしています。ある日の2時間目後の業間休み時間、2年生の男子児童Bは運動場の滑り台で勢いよく滑りすぎ、滑り台の先で後頭部を打ちました。Bは職員室に行きましたが、職員室にいたC先生が冷やしておくようにとBに氷を手渡しました。あなたは別件の対応で保健室にいましたので、Bのケガについては知りませんでした。その日の昼休み、Bの担任のD先生がケガについて尋ねてきましたが、事情が分からないのですぐにBを呼び受傷部位を確認すると、大きく腫れていました。

解説

　小学校での児童の怪我は、予測不能である。授業中ならまだしも、業間休みは児童がそれぞれ自由に動いているため教員の目は届きにくい。そのような中、Bは遊具で後頭部を打ち、職員室にいたC先生にこれを訴えた。C先生は、明確な対応がわからないまま氷を手渡し、しかも養護教諭や学級担任への連絡を失念したのである。

　児童が頭部を打った場合、どこを打ったのか、出血はないか、現在児童の意識に異常はないかを丁寧に調べなければならない。出血がある場合は止血や縫合の必要があるが、出血がない場合でも頭蓋骨骨折や頭蓋内出血、頸椎損傷の可能性がある。数時間後に児童の意識が低下したり、けいれん発作を起こしたりと急変することもある。頭部外傷は、外見の軽重に関わらず必ず医療機関で受診し、頭蓋内に出血がないことをCTなどで確認する必要があ

る。また保護者に、怪我の状況とその後の学校の処置を連絡しなければならない。救急処置と応急手当は大きく4つのレベルに分けられる。

①救命処置　　　　　　　　　：気道確保、呼吸の維持、心拍の維持
②一時的な危険脱出処置　　　：意識障害や痙攣、呼吸困難に対する処置
③医療機関を受診するまでの処置：骨折部位の固定、熱傷の処置、外傷部
　　　　　　　　　　　　　　　　の冷却
④軽微な傷病の処置

　養護教諭は、原則として一校に一人しか配置されない。養護教諭の不在時、あるいは児童の怪我などが同時に複数発生した場合のため、学校は組織として救急体制を確立し、教職員に救急処置の方法を周知しておく必要がある。全教職員を対象に、定期的に異なる事例を引用しながらシミュレーションによる研修を行うのも一つの方法である。

> **基本認識・対応の原則・関連知識**

- 頭部外傷は、外見の軽重に関わらず必ず医療機関で受診し、頭蓋内に出血がないことをCTなどで確認する。
- 養護教諭の不在時に児童の怪我が発生した場合のため、学校は組織として救急体制を確立し、教職員に救急処置の方法を周知しておく必要がある。
- 全教職員に正しく救急体制を理解してもらうために、定期的に異なる事例を引用しながら研修を行う。

> **引用文献・参考文献**

- 日本学校保健会　2012　学校保健の課題とその対応－養護教諭の職務等に関する調査結果から－　pp.18-20

喧嘩をした二人の話に食い違いがある

ケース

　あなたは中学校で養護教諭をしています。ある日、2年生の男子生徒Sが、顔を打撲して保健室へ来室しました。ひとまず打撲を冷やして様子を見ながら話を聴くと、打撲の原因は友人Pとの喧嘩とのことでした。Pを呼んで話を聴きましたが2人の話には食い違いがあり、Sがどうして怪我をしたのか、怪我をさせられたのか分かりません。

解説

　保健室に生徒が打撲傷で来室した場合、養護教諭はその応急手当に専念する。打撲傷は、鈍器や拳骨などによる外圧による損傷で、外圧の大きさや部位により損傷の状態は異なる。意識障害や骨折を起こしている可能性もある。打撲傷の一般的な処置としては、腫れや出血、精神的なダメージの緩和のため身体を安静に保つ、組織の壊死と周囲の正常な細胞を守るための損傷部位の冷却などがある。また、殴られるなどで顔面を打撲している場合は眼球の損傷に注意しなければならない。もし出血や視力低下が認められたときには、すぐに医療機関に搬送する。

　ケースの場合、Sの打撲傷はPとの喧嘩が原因であり、打撲傷の手当だけでは終えられない。ただし、生徒の喧嘩の指導、暴力行為の指導は学級担任や生徒指導担当教員が行う。各学校では、暴力行為の発生を想定して、教職員の役割分担、協力体制、家庭への連絡方法などを整備することが求められる。

　問題行動の生徒指導には、事実把握、指導、事後対応という順序がある。

生徒同士の喧嘩があった場合、学級担任や同学年の教員、生徒指導担当教員などが打ち合わせ、関係する生徒呼び出し、最初に事情を聴取する。ケースのような二者の喧嘩では、予告なく２人を呼び出し、２人の教員が別々に経緯を聴く。時系列に沿ってそれぞれの具体的な言動を聴き記録していくが、これは15分程度で終える。その後、２人の説明の整合性を確認する。どのような生徒でも、自分に都合の悪いことは話さないので、話が食い違うことは多々ある。核心部分が食い違う場合、双方の納得が得られるまで聴取する。この場では善悪を指導してはいけない。これが、事実把握である。事実把握を怠ったまま指導に入ると、双方の納得が得られない部分を残すことになる。２人の説明に整合が取れた場合、指導は９割終わったと考えてよい。

　後は、加害者の謝罪、両者の保護者への事情説明、Ｓの打撲傷の事後処理へと進める。これら一連の指導はその日の内に終えるようにする。次の日から２人を日常の生活に戻すためである。

基本認識・対応の原則・関連知識

- 打撲傷の一般的な処置としては、身体を安静に保つ、損傷部位の冷却などがある。
- 生徒の喧嘩の指導、暴力行為の指導は学級担任や生徒指導担当教員が行う。
- 問題行動の生徒指導には、事実把握、指導、事後対応という順序がある。
- 一連の指導は、次の日から２人を日常の生活に戻すため、その日の内に終えるようにする。

引用文献・参考文献

- 文部科学省　平成22年(2010)　生徒指導提要　第6章生徒指導の進め方　pp.169-172

保健室の施錠忘れで、誰かが侵入した

ケース

　あなたは中学校で養護教諭をしています。ある日、保健室の天窓を閉め忘れて帰ってしまいました。翌日出勤すると、誰かが侵入した形跡があり、保健室内の掲示物がカッターナイフで切られていました。教頭先生に報告し、警察にも通報しました。あなたには何となく誰がやったのかの心当たりがあります。

解説

　学校は、休業日や夜間に無人になるため、不審者の侵入や盗難が発生することがある。校長室、職員室、事務室、保健室、理科室などの重要な書類や危険物がある部屋には、侵入の感知と警備会社等への通報を行う防犯システムが設置されているが、普通教室は施錠のみという学校も多い。学校への侵入は、窃盗目的だけでなく、いたずら目的の場合も多い。

　ケースのような侵入は、住居侵入罪となる。刑法第130条（住居侵入等）には、「正当な理由がないのに、人の住居若しくは人の看守する邸宅、建造物若しくは艦船に侵入し、（中略）三年以下の懲役又は十万円以下の罰金に処する」とある。また、何かが盗まれたり壊されたりした場合には、刑法第235条（窃盗）「他人の財物を窃取した者は、窃盗の罪とし、十年以下の懲役又は五十万円以下の罰金に処する」、刑法第261条（器物損壊）「（前略）他人の物を損壊し、又は傷害した者は、三年以下の懲役又は三十万円以下の罰金若しくは科料に処する」の罪にあたる。

　学校に侵入の形跡があった場合、周辺の物に極力触れず、すぐに警察に通

報する。養護教諭は、保健室内の掲示物が切られていること以外に荒らされている部分はないか、持ち出された物はないかなどを確認する。校長室や職員室、事務室、理科室などにも侵入の可能性があるため、全教職員に周知し、それぞれの担当場所に異常がないか確認する。警察は被害状況の確認と侵入者に結びつく痕跡の捜査を行う。盗難品特定のため金品なら「金額は？」、物品なら「どこに置いていましたか？」など問われるので、担当者は、これに正確に答えられなければならない。ただし、警察の捜査で侵入者が特定されることは少ない。養護教諭は「何となく誰がやったのかの心当たりがある」とのことであるが、「心当たりがある」程度では本人から事情を聞くことはできず、「当該人物の動向に注視する」ことにとどまる。

校長は、被害の状況を全教職員に周知し、再発防止の対策を行う。具体的には、「金品や個人情報、貴重品、薬品類は、施錠できる場所に保管する」「職員室、保健室等の施錠は、複数人によりチェックするよう体制を作る」「万一異常を感じたときは、教頭等に報告し、学校全体で対応する」などである。

基本認識・対応の原則・関連知識

- 学校は、休業日や夜間に無人になるため、不審者の侵入や盗難が発生することがある。
- 学校に侵入の形跡があった場合、周辺の物に極力触れず、すぐに警察署に通報する。
- 警察は被害状況の確認と侵入者の捜査のために質問を行う。担当者はこれに正確に答えられなければならない。

引用文献・参考文献

- 刑法第 130 条（住居侵入等）
- 刑法第 235 条（窃盗）
- 刑法第 261 条（器物損壊）

ケースNo.
082

児童生徒 × 省察

耳にピアス穴を開けている女子児童がいる

ケース

　あなたは小学校で養護教諭をしています。その学校には、耳にピアスの穴を開けている4年生の女子児童Mがいます。学校にピアスをしてくることはないのですが、「化膿したから消毒してください。」と連日保健室にやってきます。その子どもに金属アレルギーの危険性について話をしても、ピアスの穴を閉じることはありません。保護者に学校での様子を伝えても、家庭でのケアは全くされないようです。

解説

　小学生であっても、ピアス穴を開けていることがある。「学校外の活動に参加していて、その年長者がピアスを付けていたので自分も付けた」や「保護者がピアスを付けさせた」などの理由が多く、「小学生が自らピアスを付けたいと思った」という場合は稀である。ケースの場合、保護者に学校での様子を伝えてもケアがされないことを考えると、保護者が関わっている可能性が高い。小学校の校則や決まりでピアス禁止を明文化している学校は少ないが、学校にピアスを付けてきた場合、生活指導の対象になる。

　Mがピアス穴を開けたのはおそらく学校外であり、ピアスを付けているのが学校外であるので、化膿に対する治療はすべて保護者に責任がある。しかし、Mが保健室に来室して消毒してほしいと申し出た場合、養護教諭としては「知りません。」で済ませられない。

　ピアスによる金属アレルギーは、ピアスの金属部分が汗などでイオン化し、体内の蛋白質と結合するのが原因である。皮膚の敏感さや汗の多寡は人によ

り異なるので、数回の接触でアレルギー反応を起こす場合もあれば、何年も接触した結果症状が出てくる場合もある。金属アレルギーなどの接触性皮膚炎は、医療機関で金属溶液をつけたシールを腕などに貼り反応を見るパッチテストでその原因を特定することができる。原因が特定できれば、その金属との接触を避けることになる。

　ケースの場合、学級担任と連携して保護者と懇談し、医療機関への受診を強く勧める必要がある。どうしてもピアス穴を開けておかなければならない事情がある場合には、プラスチック製の透明ピアスの着用などの方法もある。保護者には、Mの消毒のために他の児童の対応に支障が出ることや、消毒は保護者の責任で行うことをやんわりと伝える。

基本認識・対応の原則・関連知識

- ピアスを付けているのが学校外であるので、化膿に対する治療は保護者の責任でる。
- 金属アレルギーは、医療機関でのパッチテストでその原因を特定することができる。
- 学級担任と連携して保護者と懇談し、医療機関への受診を勧める。

引用文献・参考文献

- 澤田雅子　2018　衛藤隆他（編）　最新Ｑ＆Ａ教師のための救急百科第2版　大修館書店　p.328

ケース No. 083

児童生徒 × 省・察

画鋲が顔に当たったと来室した女子児童が、後日、外傷性白内障と診断された

ケース

あなたは小学校で養護教諭をしています。金曜日の給食配食時間中、児童Sが掲示板の画鋲に引っかかっていた糸を引っ張ったところ、画鋲が飛び、女子児童Rの目に当たりました。Rは担任の先生に連れられて保健室へ来ましたが、目に当たったのか顔に当たったのかよく分からないと言い、目の充血等もありませんでしたので、そのまま帰宅させました。保護者には、今日の状況を担任の先生から電話連絡してもらい、家庭でも様子を見てもらうようにしました。土曜日の朝、母親がRの目の異変に気付き、近くの眼科で受診しましたがその病院では対応できず、週明けの月曜日、紹介された総合病院で外傷性の白内障と診断されました。

解説

学校では、原則として首から上の怪我は医療機関で受診させる。頭や首の怪我、歯の怪我、目の怪我などである。とくに目はデリケートな器官であるし、尖った物が目を傷つけていたり、目に残っていたりしても見つけにくい。目に尖ったものが入った（可能性がある）場合、こすらないようにしながら洗い流し、すぐにタクシー等で眼科へ搬送する。

学校では、多くの子どもたちがそれぞれの動きをするため、偶発的に予期せぬ事故が起こることがある。Sは糸を引っ張ったら画鋲が抜けてRの目に当たるとは思いもよらなかった。学級担任がRを保健室に連れて来たのは正しい判断であるし、Rの「目に当たったのか顔に当たったのかわからない」と

いう発言も正直なところであろう。ケースの場合、この発言が養護教諭の判断を誤らせたと思われるが、眼科を受診させるべきであった。いつも、悪い方に転んだ状況を想定した判断を心がけたい。

　学校での授業や教育活動中、学級担任は児童の生命・身体・精神の安全に配慮する義務(安全配慮義務)を負っている。ただし、安全配慮義務違反に問われるのは、事故に対する予見可能性があり、回避可能性があったにもかかわらず、回避措置をとらなかった場合である。ケースの場合は、事故に対する予見可能性はない。さらに学級担任は、Rを保健室に連れてきており、安全配慮義務を果たしたと評価される。

基本認識・対応の原則・関連知識

- 学校では、原則として首から上の怪我は医療機関で受診させる。
- 目に尖ったものが入った場合、こすらないようにしながら洗い流し、すぐに眼科へ搬送する。
- 悪い方に転んだ状況を想定した判断を心がける。
- 学校での授業や教育活動中、学級担任は安全配慮義務を負っている。
- 安全配慮義務違反に問われるのは、事故に対する予見可能性と回避可能性があったにもかかわらず、回避措置をとらなかった場合である。

引用文献・参考文献

- 子どもの権利に関する研究会　2017　Q & A 子どもをめぐる法律相談　新日本法規出版　pp.825-828

ケース No.
084

大騒ぎする生徒への対応中、腹痛を訴えた別生徒を帰したが、生徒は虫垂炎だった

ケース

あなたは中学校で養護教諭をしています。ある日の昼休み、3年生の男子生徒Dが強い腹痛を訴えて来室しました。周りの生徒たちが何事かと集まるくらい大きな声で痛みを訴えています。そのような中、2年生の女子生徒Eが腹痛を訴えて来室しました。あなたは、大騒ぎしているDの対応に追われていたため、Eに「もう少し様子を見て、あとでもう一度来てくれる?」と伝えました。Eは了解して教室へ帰りましたが、その日はそのまま帰宅しました。翌日、保護者から連絡があり、女子生徒Eは虫垂炎だったということでした。一方、Dの腹痛はしばらくすると落ち着き、翌日も何ともありませんでした。

解説

養護教諭は、原則として一人職(学校に自分と同職の者がいない教職員)である。緊急な対応が必要な生徒の来室が重なった場合、たいへん困った状況になる。

保健室に腹痛を訴える生徒が来室した場合、苦痛で暴れている、顔面が蒼白である、苦しそうな表情である、腹痛を訴えるが話はできる、などの生徒の様子から対応を判断することになるが、前者ほど医療機関で受診する必要性が高い。腹痛の原因は様々で、外傷による内臓破裂などの可能性もあるため、救急車の出動要請も躊躇してはならない。

ケースの場合、Dは「苦痛で暴れている」レベル、Eは「腹痛を訴えるが話はできる」レベルで、養護教諭は大きな声で腹痛を訴えるDへの対応を優先

した。結果的にＤはしばらくして回復、Ｅは虫垂炎だったが、養護教諭の対応への判断は適切であった。ただ、両者の来室時の状況やそのときの対処については、学級担任を通して保護者に伝えなければならなかった。

　保健室とは「健康診断、健康相談、保健指導、救急処置その他の保健に関する措置を行う」施設、養護教諭は「専門的立場からすべての児童・生徒の保健及び環境衛生の実態を的確に把握し、疾病や情緒障害、体力、栄養に関する問題等、心身の健康に問題を持つ児童生徒の指導に当たり、また、健康な児童生徒についても健康の増進に関する指導のみならず、一般教員の行う日常の教育活動にも積極的に協力する役割を持つ」教員である。保健室は病院ではなく、養護教諭は医師ではない。養護教諭は、生徒に医療機関で受診させる症状、タイミングなどの判断基準を明確にもたなければならない。

基本認識・対応の原則・関連知識

- 養護教諭は、原則として一人職である。
- 腹痛の原因はさまざま考えられるが、酷い腹痛の場合は医療機関で受診させなければならない。
- 生徒が腹痛で保健室に来室したとき、来室時の状況やそのときの対処については、必ず保護者に伝える。
- 養護教諭は、生徒に医療機関で受診させる判断基準を明確にもたなければならない。

引用文献・参考文献

- 学校保健法第７条（保健室）
- 保健体育審議会答申　昭和 47 年（1972）

085

下痢症状があった児童と同学級の児童が、下痢と嘔吐で欠席した

ケース

あなたは小学校で養護教諭をしています。特別支援学級に在籍している2年生の男子児童Rは、排便コントロールに失敗することがありました。2学期のある金曜日、Rは午前中の排便が下痢で、失敗しました。下痢の処理や着替えは、学級担任の先生、特別支援学級担任の先生の計4人が行い、トイレの消毒はあなたが行っています。3日後の月曜日、Rと同じ学級の児童5名が、下痢と嘔吐で欠席しました。特別支援学級の学級担任3人も、土曜日、日曜日に下痢と嘔吐の症状がありました。学級担任の先生とあなたは、何も症状は出ませんでした。

解説

結果から、Rは感染性胃腸炎であった可能性が高い。感染性胃腸炎は、細菌性（O-157、サルモネラなど）とウィルス性（ノロウィルス、ロタウィルスなど）がある。症状は病原体により異なるが、主に発熱、下痢、嘔吐、腹痛などである。2日から7日で回復するが、その過程で脱水症状になることがあり、注意を要する。経口、飛沫、接触で感染し、感染力は非常に強い。

ケースの場合、Rは日常から排便に失敗することがあったため、当日の下痢便も通常通りの対応を行ったのであるが、ここに見落としがあった。ノロウィルスやロタウィルスによる嘔吐物、下痢便の処理は、排便の失敗や体調不良による下痢の処理とは異なるのである。児童の嘔吐、下痢があった場合は、ノロウィルスやロタウィルスによる可能性を考え、処理は汚物が乾燥す

るまでに行う。これらのウィルスは、嘔吐物などが乾燥すると空気中に飛散し、感染が広がるからである。汚物はゴム手袋を着用して扱い、汚物で汚れた衣服などは、使用したゴム手袋とともにビニールのゴミ袋に密閉し、確実に廃棄焼却する。また、ノロウィルスやロタウィルスはアルコールでは死滅しないため、トイレなどの消毒には処理専用の塩素系の薬剤を用いる。

　児童５人、教員３人が感染したということで、医療機関を受診していれば間もなく原因が明らかになるであろうが、今後も感染が広がる可能性が高い。感染の状況は、全教員に周知するとともに、教育委員会へ報告する。感染の予防については、学校保健安全法施行規則第22条（学校医の職務執行の準則）により、学校医の指導助言に従い消毒などの処置を行う。

基本認識・対応の原則・関連知識

- 感染性胃腸炎は、経口、飛沫、接触で感染し、感染力は強い。
- 児童の嘔吐、下痢があった場合、ノロウィルスなどの可能性を考え、処理は汚物が乾燥するまでに行う。
- 汚物はゴム手袋を着用して扱い、汚物で汚れた衣服などはゴミ袋に密閉し焼却する。
- 感染の予防については、学校医の指導助言に従い消毒などの処置を行う。

引用文献・参考文献

- 学校保健安全法施行規則第22条（学校医の職務執行の準則）
- 文部科学省　平成23年（2011）　教職員のための子どもの健康相談及び保健指導の手引　pp.71-73　102
- 日本学校保健会　2012　学校保健の課題とその対応－養護教諭の職務等に関する調査結果から－　pp.42-47
- 赤井悟・柴本枝美　2014　教師力を鍛えるケースメソッド123－学校現場で生じる事例とその対応－　ミネルヴァ書房　pp.30-31
- 三日市薫　2018　衛藤隆他（編）　最新Ｑ＆Ａ教師のための救急百科第２版　大修館書店　p.412

ケース No.
086

児童生徒 × 省察

視力測定時、ある子がみんなの前で「この子、生まれつき見えへんねんで」と言った

ケース

あなたは今年、小学校に養護教諭として採用されました。その小学校の5年生には、生まれつき左眼の視力が弱く、いつもD判定の女子児童Rがいます。このことは前任の養護教諭からも引き継いでいました。Rの学級の視力測定時、同じ学級の女子児童Sが「先生、Rちゃんの目のこと知ってる？この子、生まれつき見えへんねんで。」と大きな声で言いました。この言葉は、R本人や学級のたくさんの子どもたちも聞いていました。

解説

児童は、教員が「あっ！」と思うことを言うことがある。児童の年齢や発達段階、発達障害の有無にもよるが、公にしてはいけない個人情報についての発言、人権的に問題のある発言、その場をわきまえない発言などで、悪気はない。本ケースも、そのような一つである。

児童の身体的、精神的な障害や生活上の困難については、教育上必要な場合を除いて、他の児童にオープンにすることはない。しかし、Sが上記のような発言をした以上、何らかの対応をしなければならない。ある養護教諭は、「教えてくれてありがとう。Rちゃんの視力測定の時、気をつけるね。」と話すと言われた。別の養護教諭は、「Rちゃんはそうなんですね。人間は同じように見えてもみな少しずつ違うんですよ。背が低い人もいるし高い人もいる、よくしゃべる人もいるし静かな人もいるでしょ。でも目が見えにくいことは不自由なことがあるね。みんなも、Rちゃんが困っていたら手を貸して

あげてね。」と話すと言われた。後者は、Sの発言を見事に切り返し、適切な指導を行なっている。

　このように、児童の思いがけない反応や不測のできごとに直面した教員が臨機応変に行う教育的に適切な対応を教育的タクトという。これは事前に計画できるものではなく、時間を使って熟考できるものではない。教員の職人芸ともいえるものである。優れた教員は、この教育的タクトを無意識のうちに巧みに使い、保健室経営や学級経営を行っている。ただしこのケースについては、学級担任と連携し、同日中にRの保護者に経緯を説明しておかなければならない。

基本認識・対応の原則・関連知識

- 児童の障害などは、教育上必要な場合を除いて他の児童にオープンにすることはない。
- 児童の思いがけない反応や不測のできごとに直面した教員が臨機応変に行う教育的に適切な対応を教育的タクトという。
- 優れた教員は、教育的タクトを巧みに使い、保健室経営や学級経営を行っている。
- 学級担任と連携し、同日中に保護者に経緯を説明しておかなければならない。

引用文献・参考文献

- 田中耕治　2007　よくわかる授業論（田中耕治編）　ミネルヴァ書房　p.19

教室のざわざわした雰囲気を嫌い、保健室に居つく男の子がいる

ケース

　あなたは小学校で養護教諭をしています。その学校の1年生男子児童Kは、教室のざわざわとした雰囲気がいやで、うるさい教室にはいられないと毎日のように保健室へ来ます。Kは調子が悪い時にはうめき声のような声をあげ、落ち着かせるためにあなたが何十分も抱きしめていることもありました。次第に担任の先生の言うことを聞かなくなり、Kとコミュニケーションが取れるのはあなたを含む一部の先生だけになりました。他の子どもたちが保健室に来室し、あなたが対応しようとすると、Kはその子どもたちを威嚇します。

解説

　まず、Kの行動について考える。従前は「本人のわがまま」「まだ幼い」などと解釈されていたこともあったが、発達障害の研究や発達障害がある子どもたちへの支援の研究が進み、適切な対応が考えられるようになってきた。ただし状況は個々に異なり、当該児童を直接指導する教員が専門知識やスキルをもたないことも多く、これが学校教育の一つの課題になっている。

　ケースから、Kには聴覚過敏があり、選択的聴取(同時に聞こえてくる二つ以上のメッセージの中からどれか一つを取り出して処理することができる能力)が困難な発達障害があると推察される。聴覚過敏でない子どもたちが気にならない音が聞こえたり、周りの人が話す言葉がすべて同じレベルで聞こえ、それらが大きなストレスになっている。学級にこのような子どもがいるときには、学級担任は、授業中の他の子どもたちの不規則発言を制限した

り、イヤーマフ (ヘッドホーン状の耳栓) の使用を勧めることもある。ケースの「何十分も抱きしめる」は、Kのストレス緩和に効果があったのだろう。

「Kとコミュニケーションが取れるのはあなたを含む一部の先生だけ」というのは、Kの発達障害が誘因となった二次的な問題である。子どもは、いずれ学校を卒業して社会に出る。円滑な社会生活を営むためには、広く多くの人とのコミュニケーションが取れなければならない。そのため、例えばKに、保健室に入ってきた子どもたちの「しんどいとこ探し」をさせるなど、努めていろいろな人と触れ合う機会を作っている教員もいる。

適切でない行動の裏には原因や理由がある。見える行動にだけ注目するのではなく、その行動を生起させている原因や理由を分析し、対応を考えることが肝要である。またケースのような状況の場合、Kの指導を養護教諭や学級担任が抱え込むべきではない。特別支援教育コーディネーターと連携し、Kについてのケース会議を開催するなど、全教員の知識を結集した学校組織としての対応が必要である。

基本認識・対応の原則・関連知識

- Kには聴覚過敏があり、選択的聴取が困難な発達障害があると推察される。
- 起きている行動の裏にある原因や理由を分析し対応を考えることが肝要である。
- ケース会議を開催し、全教員の知識を結集した学校組織としての対応を行う。

引用文献・参考文献

- 文部科学省　平成22年 (2010)　生徒指導提要　第6章生徒指導の進め方　pp.160-163
- 御領謙　1984　認知心理学講座1　認知と心理学 (大山正、東洋編)　東京大学出版会　p.126

ドッジボールのケガで来室する子どもが多く、他の仕事ができない

ケース

　あなたは小学校で養護教諭をしています。あなたの学校ではドッジボールが流行っていて、突き指をしたと保健室に来る子どもが後を絶ちません。腫れもなく指も動かせるのに痛みがあると訴え、一日に何度も来室する子どももいます。何人かの保護者にこのことを連絡すると、「学校で起こったケガなので学校で面倒を見てください。」とのことで取り合ってもらえませんでした。念のために外科を受診した件数は3日で7件にのぼり、毎日のほとんどの時間が病院への付き添いに取られてしまい、他の仕事をする時間はありません。

解説

　小学校の保健室は、毎日多くの児童の出入りがある。「すりむいた」「熱が出た」だけでなく、「気持ちがしんどい」という児童の来室もある。保健室はこのように、疾病の応急手当の場であると同時に、生活指導の場でもある。

　本ケースには、2つの課題が含まれている。一つは、「突き指をして来室する子どもが後を絶たない」ということ、もう一つは、「一日に何度も来室する子どもがいる」ということである。

　ドッジボールによる突き指は、症状が軽い場合は指の打撲や捻挫である。痛みや腫れを伴い、鉛筆や箸、物を持つのが不自由になる。このような児童が来室した場合、症状がある部分を氷や保冷材で冷やし、テーピングなどで固定する。症状が重い場合は、整形外科などへ搬送する。このような怪我が

多発するのであれば、学校はその原因の究明と対策に動かなければならない。ドッジボールの場合、柔らかいボールを使用する、ドッジボールのコートを広くするなどの対策が考えられる。保健体育関係の部会に改善を提案し、学校全体の課題として対応しなければならない。

　一日に何度も来室する児童については、養護教諭は学級担任と連携し、児童の指導と保護者への連絡を行う。児童へは、「保健室はあなただけのものではなく、病気や怪我をしたたくさんの子どもたちが利用します。どうしてもという時以外は、まず担任の先生に相談しなさいね。」などと指導する。保護者へは、児童の学校での様子を連絡する。「学校で起こった怪我」ではあるが、その治療や対応は学校と保護者が協力して行う。

　保健室は、学校保健安全法第7条(保健室)に「学校には、健康診断、健康相談、保健指導、救急処置その他保険に関する措置を行うため、保健室を設けるものとする」と定められた学校施設である。保健室は、この目的が円滑に行えるよう整備され、経営されなければならない。本ケースの養護教諭がいる保健室は、たいへん居心地がいいと推察される。さまざまな課題は生じるが、保健室経営としては成功している。

基本認識・対応の原則・関連知識

- 保健室は、疾病の応急手当の場であると同時に生活指導の場でもある。
- ケガが多発するのであれば、学校はその原因の究明と対策に動かなければならない。
- 保健室は、学校保健安全法第7条(保健室)に定められた学校施設である。

引用文献・参考文献

- 学校保健安全法第7条(保健室)

ケース No.
089

カーテンで閉め切ったベッドから動かない特別支援学級の子どもがいる

ケース

　あなたは小学校で養護教諭をしています。その小学校の特別支援学級に在籍する２年生Ｙは、保健室のカーテンで閉め切ったベッド空間が落ち着くらしく、１週間に何回も保健室に来室します。「休憩する〜。」と言って来るのですが、一度ベッドに寝ると次のチャイムが鳴るまで動かず、無理やり教室へ行かそうとすると、キーキーと叫び声をあげて怒ります。他の子どもが来室した時や、風邪が流行した時など、ベッドを空けることをＹが理解するのは難しそうです。

解説

　静かな閉鎖的な場所が落ち着くという児童生徒、感情が高揚した時そのクールダウンのために狭小な場所が必要だという児童生徒は多い。ケースのＹは、そのような一人だと考えられる。そのような児童生徒のために、空き教室を準備している学校もある。ケースの場合、保健室がその場所になっていること、養護教諭がＹへの対応を担っていることに問題がある。保健室には、体調に不具合がある子どもたちが日常的に来室し、養護教諭はその一人ひとりに対応しなければならないからである。

　障害者差別解消法という法律がある。平成28年４月に施行された法律で、障害者差別の解消を推進し、共生社会の実現を目的としている。同法第７条（行政機関等における障害を理由とする差別の禁止）には、「行政機関は、（中略）その実施に伴う負担が過重でないときは、障害者の権利利益を侵害する

こととならないよう（中略）合理的な配慮をしなければならない」と規定されている。この合理的配慮の一例として、文部科学省は「学習や情緒安定のための小部屋等の確保」をあげている。このケースに当てはめると、学校は校舎に空いている部屋があれば、Yのために閉鎖的な空間を用意しなければならない。

　これらの複数の問題に同時に取り組むために、特別支援教育コーディネーターにケース会議開催を要請する。この会議には、校長（教頭）、特別支援教育コーディネーター、学年主任、生活指導部長、特別支援学級担任、学級担任、養護教諭などが出席し、Yのための閉鎖空間の設置場所、期日、設備、運営方法、Yへの指導方法を決定し、すぐに実行する。ケース会議では、Yの自立をめざすとともに、保健室、養護教諭の本来の機能回復に全力を注がなければならない。

基本認識・対応の原則・関連知識

- 保健室がYが落ち着く場所になっていること、養護教諭がYへの対応を担っていることに問題がある。
- 障害者差別解消法第7条（行政機関等における障害を理由とする差別の禁止）には、合理的配慮が規定されている。
- ケース会議開催を要請し、閉鎖空間の設置場所、Yへの指導方法などを決定し、すぐに実行する。

引用文献・参考文献

- 障害者差別解消法第7条（行政機関等における障害を理由とする差別の禁止）

ケース No.
090

児童生徒 × 混迷

登校したときは元気だが、家ではゲームばかりしている不登校の子どもがいる

ケース

　あなたは小学校で養護教諭をしています。その小学校の4年生に不登校の男子児童Hがいます。3年生までは、欠席時に母親から「熱がある。」「気分が悪い。」などの連絡があり、病気による欠席であったため不登校にはなっていませんでしたが、4年生になると授業が難しくなり、本人が登校を渋ったことから、不登校ということになりました。しかし、状況は2年生頃から変わっていません。Hは、学校へ登校したときは友だちと元気に過ごしていますが、家ではゲームばかりして過ごしているようでした。母親からは、Hが「夜眠れない。」「不安で母親から離れられない。」と言っていると、気になることを聞きました。

解説

　文部科学省では、不登校児童生徒を「何らかの心理的、情緒的、身体的あるいは社会的要因・背景により、登校しないあるいはしたくともできない状況にあるために年間30日以上欠席した者のうち、病気や経済的な理由による者を除いたもの」と定義している。

　ケースの男子児童Hは、3年生の時には保護者から「熱がある」「気分が悪い」などと連絡があったため、学級担任は病気での欠席とし、4年生では母親から「学校へ行きたくないと言っている」などの連絡があったため、不登校としたのであろう。同じ児童Hの、同じような欠席について、母親の言い方ひとつで扱いが変わっているのである。ケースによると、「状況は2年生頃

から変わっていない」ということであるので、2年生、3年生時の学級担任は当初から不登校傾向と判断し、対応すべきであった。ここに一つの課題がある。

　Hは「学校へ登校してきたときは友だちと元気に過ごしている」ということから、不登校の原因が家庭や母親にある可能性がある。養護教諭としては、生活指導部長にケース会議の開催を要請し、学校として対応の方向を決定するとともに、スクールソーシャルワーカー（SSW）などと連携し、状況打開の道筋をつけなければならない。スクールソーシャルワーカーとは、不登校や児童虐待などの子どもの家庭に関わる問題に対処する社会福祉の専門家である。児童相談所などの関係機関と連携し家庭や学校を支援する役割を担い、市町村や市町村教育委員会に配置されている。ケース会議では、家庭や母親の実像に迫れるよう、母親の行動が把握できるよう計画する。もし、Hが健康であるのに母親が学校を休ませているのであれば、母親のネグレクトが疑われる。

基本認識・対応の原則・関連知識

- 不登校児童生徒とは「何らかの心理的、情緒的、身体的あるいは社会的要因・背景により、登校しないあるいはしたくともできない状況にあるために年間30日以上欠席した者のうち、病気や経済的な理由による者を除いたもの」と定義される。
- ケース会議で学校として対応の方向を決定し、スクールソーシャルワーカーなどと連携し、状況打開の道筋をつける。
- スクールソーシャルワーカーとは、不登校や児童虐待などの子どもの家庭に関わる問題に対処する社会福祉の専門家である。

引用文献・参考文献

- 文部科学省　平成22年（2010）　生徒指導提要　第6章生徒指導の進め方　pp.187-189

授業中無断で保健室へ来る中学3年生が、「先生寝たいねん、絵本、読んで」と言う

ケース

あなたは中学校で養護教諭をしています。その中学校の3年生の男子生徒Nは、授業中に無断で教室を抜け出し、保健室へ時間をつぶしにきます。「先生に許可をもらってから保健室へ来なさい。」と言っても、勝手にベッドの上に寝そべり、言うことを聞こうとしません。ある日Nは、「先生、俺しんどいし寝たいねん、絵本、読んで。」と言いました。

解説

中学校は教科担任制であるため、Nのような生徒がいる場合、各教科の教科担任はNが授業を抜けていることに気付いている。学年会議（その学年に所属する学級担任、副担任による会議で、通常週に一回程度行われる）でも、指導が必要となる生徒として議題にあがっていると思われる。

授業中に無断で教室を抜け出すことから、Nには教室に居場所がないと思われる。Nの発言から、Nは学力的な困難、精神的な困難を抱えていることが予想されるし、中学3年生でありながら「絵本、読んで」と発言していることから、家庭的な困難を抱えていることも推察される。

養護教諭は、Nの保健室での様子をつぶさに観察することができる。普通に接する中で、来室日時、言動、変化などを記録しておく必要がある。また、学級担任と連携し、Nの指導についての学年会議、あるいはケース会議の開催を要請する。この会議では、Nが現在どのような状況にあり、どのような援助を必要としているのかを見極め、具体的な働きかけを決定する。学級担

任はNとの懇談を行い、Nが考えていること、困難を感じていること、3年生であることから進路の希望などを聴き取る。ここで、事前に養護教諭が記した保健室来室記録が役立つ。その上で、Nに関わる全教員がNのめざす進路を支援する体制を組むことになる。

生徒一人ひとりは、それぞれの能力と適性をもっている。授業などでこれらを十分に発揮できない生徒は、学習内容について消化不良の状態になり、授業のエスケープなどの怠学傾向に陥ったり、学習成果を得られないことから自信や意欲を失うことがある。一方生徒は、適切な動機付けで驚くほどの集中力、すばらしい能力を発揮する。Nが目標をもち生活できる方向を、一日も早く見つけたいものである。

基本認識・対応の原則・関連知識

- Nは教室に居場所がない。
- Nは、学力的な困難、精神的な困難、家庭的な困難を抱えていると推察される。
- 養護教諭は、何気なく接する中で、来室日時、言動、変化などを記録しておく。
- Nに関わる全教員がNのめざす進路を支援する体制を組む。

引用文献・参考文献

- 文部科学省　平成22年(2010)　生徒指導提要　第1章生徒指導の意義と原理　pp.4-8

ケース No. 092

児童生徒 × 混迷

学級に馴染めず、度々保健室に来る女子児童がいる

ケース

あなたは小学校で養護教諭をしています。新学年が始まったのに学級に馴染めず、度々保健室に来る5年生の女子児童Wがいます。保健室では、学級の児童への不満や二人の兄弟のことをよく話します。家では、母親が学校の事を尋ねても話しません。一方、兄弟とは仲が良く、弟の面倒見もいいようです。学級では、他の児童への言葉がきつく、他の児童の欠点を鋭く指摘することがあるので、友達はほとんどいません。担任の先生がWの話を聞き、「あなたにも、改善するところがあるんじゃないですか？」と話すと、泣いて黙っていました。

解説

学級に馴染めずたびたび保健室に来るWは、保健室と養護教諭を自分の避難場所と考えているのであろう。児童生徒と学級担任は、指導するものとされる者、評価する者とされる者という一種の緊張関係があるが、養護教諭とはそのような関係はない。養護教諭の性格にもよるが、少なくともWと養護教諭は良好な人間関係にある。

養護教諭とWの会話には、Wの心についてのたくさんのサインが隠されている。Wの学級での言動について、学級担任の発言はその通りであろうが、Wは逆に心を閉ざしてしまい良い結果は得られなかった。学級担任は、まずWについての多くの情報を得る必要があろう。

学級担任が行う二者懇談について、優れた成果をあげる教員がいる。その教員は学級全員に、「みなさん一人ひとりから話を聞きます。」と言い、学級

活動や演習の時間を利用して学級の一人ずつと面談を行っている。順番に廊下に呼び出し、数日かけて懇談する。ケースの学級担任と異なるところは、問題を抱える児童だけでなく、全児童を対象にしているところである。「学級に不満はないですか？」「お父さんとは何でも話せる？」と問いかけたり、「あなたは、○○をしていました。先生はいつもよく頑張ってるな～、って思ってるんですよ。」などと褒めたり、敢えて雑談のような会話に終始したということであるが、そこからは思いがけない情報、外からは見えない学級内の人間関係が知れたという。このような中に、ケースのWの指導に関わる情報が見つかるかもしれない。

　Wは兄弟とは仲が良い、しかし学級の他の児童と上手くに過ごせない。その原因は、今は見つからないかもしれない。学級担任や養護教諭は、一度であきらめることなく次々に解決に向けての手を打たなければならない。生徒指導 (生活指導) は「牛のよだれ」と言われる。牛のよだれは切れない。それと同じように生徒指導も切れることはないということである。養護教諭、学級担任を問わず、教員には不屈の指導が求められる。

基本認識・対応の原則・関連知識

- 児童生徒と学級担任は、指導するものとされる者、評価する者とされる者という一種の緊張関係があるが、養護教諭とはそのような関係はない。
- 生徒指導 (生活指導) は、「牛のよだれ」と言われるように、生徒指導も切れることはない。

093

頭に傷を負って登校した児童に事情を聞くと、「父親にほうきで叩かれた」と言った

ケース

あなたは小学校で養護教諭をしています。その学校に、家庭の環境に問題をかかえる三兄弟、5年生A、3年生B、1年生Cがいます。ある日の朝、登校時刻から少し遅れてAとCが登校してきました。Aは頭に傷を負っているようで、大きな絆創膏を貼っていました。担任の先生から連絡を受けてAから事情を聴くと、「朝、お父さんにほうきで叩かれ、血が出た。痛い。」と言います。

解説

児童虐待については、児童虐待防止法第5条(児童虐待の早期発見等)に、「(前略)学校の教職員、児童福祉施設の職員、医師、歯科医師、保健師、助産師、看護師、弁護士その他児童の福祉に職務上関係のある者は、(中略)早期発見に努めなければならない」、同法第6条(児童虐待に係る通告)に、「児童虐待を受けたと思われる児童を発見した者は、(中略)児童相談所に通告しなければならない」と規定されている。法律中の児童相談所とは都道府県の機関であり、こども家庭センターや家庭児童相談センターなどと呼称が異なる場合がある。

養護教諭と学級担任は、校長、教頭、生徒指導部長にAの状況を報告する。続いて学校は、次のように行動する。

①最近の本人の言動、身体の傷等を記録　②本人からの事情の聴取　③児童相談所へ通告　④全教職員への周知と守秘義務の確認　⑤児童相談所と緊

密に連携　⑥保護者の来校に備えて、警察への協力要請

　学級担任等は、校長、教頭への報告を躊躇してはならない。①について、身体に傷がある場合、学級担任は確認できる範囲で、傷の場所、形状、色を記録する。②について、本人が渋る場合は強要の必要はない。③について、学校から児童相談所への通告は、虐待の通告であることを明確に伝える。通告事項には児童や保護者の個人情報が含まれるが、児童虐待防止法第6条（児童虐待に係る通告）の通告義務は、地方公務員法第34条（秘密を守る義務）に規定される守秘義務に優先する。④について、校長は全教職員を集め、Aの保護者を虐待の疑いで通告したことを伝える。⑤について、原則として学級担任は保護者からの聴取を行ってはならない。虐待の加害者は保護者であることが多く、虐待の隠蔽やエスカレートの可能性があるからである。保護者への対応は、児童相談所と緊密に連携して行う。また、児童相談所の調査の結果、虐待が誤りであったとしても、通告者が責任を問われることはない。⑥について、保護者の怒りの矛先が学校に向くことがある。学校は、警察に協力を要請するなどの危機管理を徹底しなければならない。

基本認識・対応の原則・関連知識

- 虐待を受けたと思われる児童を発見した者は、児童相談所に通告しなければならない。
- 身体に傷がある場合、学級担任は確認できる範囲で、傷の場所、形状、色を記録する。
- 児童虐待の通告義務は、公務員の守秘義務に優先する。
- 保護者への対応は、児童相談所と緊密に連携して行う。
- 虐待が誤りであったとしても、通告者が責任を問われることはない。

引用文献・参考文献

- 児童虐待防止法第5条（児童虐待の早期発見等）
- 児童虐待防止法第6条（児童虐待に係る通告）
- 地方公務員法第34条（秘密を守る義務）

母親が、「女の子は勉強より料理や掃除を覚えて、早く結婚すればいい」と言う

あなたは小学校で養護教諭をしています。その学校に、欠席が多く、たまに学校へ来ても学習内容がわからないためか、体調不良を訴えて保健室へ来る5年生の女子児童Jがいます。担任の先生に無断で授業を抜け出してくることもあります。母親が、外食や自分の友だちとの集まりに夜遅くまで連れまわしているようで、生活も不規則です。あなたが学校での様子や欠席のことを電話で伝えると、「女の子は、勉強より料理や掃除を覚えて、はやくいい男の人を見つけて結婚すればいい。そのために家のことを手伝わせている。学校へ行くより、この方がJのためになる。」と言われました。

解説

保護者はさまざまな価値観をもっており、家庭では、保護者は自らの価値観に基づき子どもを養育している。学校は、原則的にこれらに関知する立場にない。しかし学校は、子どもの健全な成長をめざし、子どもを教育する機関である。保護者の養育方針と学校の教育方針は、本来同じ方向を向いている必要があるが、保護者の養育方針が子どもの健全な成長や学校への登校を阻害しているのであれば、放置することはできない。

ケースの場合、「女の子は、勉強より料理や掃除を覚えて、はやくいい男の人を見つけて結婚すればいい」というのは、母親の価値観である。しかしその価値観は、「外食や自分の友だちとの集まりに夜遅くまで連れまわしている」行動と整合性がない。母親は、自分の不適切な養育、ネグレクト的な

養育をごまかすために上記の価値観を述べたと考えられる。

　養護教諭としては学級担任と連携し、生活指導担当者や特別支援教育コーディネーターに、J及びJの保護者を対象とするケース会議を開くよう要請する。さらにこのケースは、母親の不適切な養育が関わるため、教頭等を通して市町村や市町村教育委員会に勤務するスクールソーシャルワーカー（SSW）のケース会議への出席も依頼する。ケース会議では、Jと母親の生活状況の把握、学級担任のJへの指導方針、SSWのJの母親への支援方針が話し合われ、即刻実行される。ケース会議の内容、指導と本人の様子、支援と家庭の生活状況は、J用の個人カルテを作成し、時系列に沿って記録する。この記録は、関係機関と連携する上で必要となる。

　このような指導や支援を行っても改善されない場合、校長は児童相談所へ通告する。「これが虐待なのか」と迷う部分はあるが、虐待か否かの判断は児童相談所が行う。児童虐待については、早期発見と各機関での情報の共有が重要なのである。児童相談所に通告後は、学級担任や養護教諭は、児童相談所と歩調を合わせ動くことになる。このケースに関わる関係機関としては、児童相談所の他に、市町村の児童福祉担当部署、民生児童委員などがある。

基本認識・対応の原則・関連知識

- 保護者は自らの価値観に基づき子どもを養育しているが、学校はこれらに関知する立場にない。
- 母親に不適切な養育、ネグレクト的な養育がある。
- ケース会議を開催し、Jと母親の生活状況の把握、学級担任の指導方針、SSWの母親への支援方針を話し合い実行する。
- 指導や支援を行っても改善されない場合、校長は児童相談所へ通告する。

引用文献・参考文献

- 子どもの権利に関する研究会　2017　Q＆A子どもをめぐる法律相談　新日本法規出版　pp.86-89

ケース No.
095

帰宅途中雨に濡れ、夜発熱した男子児童の保護者から苦情があった

ケース

　あなたは小学校で養護教諭をしています。下校前、「6時間目の途中から太ももに痛みがある。」ということで、5年生の男子児童Yが友だちと保健室に来ました。あなたは事情の聴き取りをして、痛む部分を確認しましたがとくに異常はありませんでした。「我慢できる。」というので、しばらく様子を見るように伝えると、Yはそのまま帰宅しました。帰宅途中にたまたま雨が降り出し、濡れて帰ったためか、夜に発熱があったようです。朝には熱が下がって登校しました。担任の先生から「Yの保護者から苦情があった。」と連絡があり、連絡帳を見てみると、「昨日の帰りに、『しんどい』と言って保健室に寄ったのに、体温も測定せず、雨の中を帰らせるとはどういうことか。」と書かれていました。

解説

　まず、Yの保護者に事実誤認がある。保護者は、養護教諭の処置と夜の発熱の間に因果関係があると考えているようであるが、ケースを読む限り、そうではない。

　児童が「太ももに痛みがある」と保健室に来室した場合、まず肉離れが考えられる。肉離れは、筋肉に急に大きな力が加わったときに生じる筋肉の損傷である。患部を押すと痛みがある場合が多く、アイシング（Icing 炎症を抑えるために冷却すること）などの応急手当を行うとともに、ひどい場合は整形外科で受診する。痛みは一週間程度でなくなることがあるが、筋肉が正常に

回復するには数か月を要する。「痛む部分を確認しましたが」から、養護教諭はこの確認をしたと思われるが、異常はなく様子を見るという対応をした。Yはその後、再度保健室を訪れることなく帰路につき、その途中に雨にあったのである。夜に発熱したようであるが、雨と発熱の因果関係も明確ではない。ただ、養護教諭はこの件について、学級担任を通じて保護者に連絡すべきであった。

　養護教諭は、事実を時系列に沿って整理し、学級担任同伴で家庭訪問するとよい。電話では、保護者に「言い訳」のように聞こえる可能性があり、家庭訪問による直接の説明がよいと考えられる。因果関係が不明確であると同時に、「太ももに痛みがあり保健室に来室」から「しんどいと言って保健室に来室」というように来室目的にも認識の違いがある。保護者にはこれらを丁寧に説明し、誤解を解く必要がある。事実誤認の原因はYの間違った説明、保護者の早合点などが考えられるが、その究明は重要ではない。あくまでも事実を伝えるという姿勢で説明することが必要である。

基本認識・対応の原則・関連知識

- 肉離れは、筋肉に急に大きな力が加わったときに生じる筋肉の損傷である。
- 患部を押すと痛みがある場合が多く、アイシングなどの応急手当を行う。
- 養護教諭は、事実を時系列に沿って整理し、学級担任同伴で家庭訪問するとよい。

引用文献・参考文献

- 関矢仁　2018　衛藤隆他（編）　最新Q＆A教師のための救急百科第2版　大修館書店　p.173

096

保護者 × 省察？

男子児童が保健室に来て、「父に叩かれるのが嫌だから家に帰りたくない」と言う

ケース

　あなたは小学校で養護教諭をしています。学校に、母親が再婚した３年生の男子児童Ａがいます。Ａは前から野球が好きで、新しい父親が指導するトレーニングもがんばっていました。しかし時間が経つにつれ、天真爛漫だったＡの表情に元気がなくなり、おとなしくなっていきました。保健室にＡを呼び、家の事や困っている事を訊くと、「野球のことで父に怒られることがあるが、自分にも悪いところがある。」と言います。ある日、Ａが保健室へ来て「家に帰りたくない。父に怒られるし、叩かれるのが嫌だ。」と訴えました。

解説

　このケースは、父親の虐待という側面と父親からの体罰という側面をもつ。父親に「叩かれる」は、児童虐待防止法第２条（定義）に規定される身体的虐待である。また、「野球のことで・・・叩かれる」は、Ａが野球の練習プレーで失敗した、または野球の練習を怠ったことに対する体罰である。周知のとおり学校教育法第11条（体罰の禁止）では「校長及び教員は、教育上必要があると認めるときは、（中略）児童、生徒及び学生に懲戒を加えることができる。ただし、体罰を加えることはできない」と、教員の体罰は明確に禁止されている。一方保護者については、民法第822条（懲戒）では「親権を行う者は、（中略）監護及び教育に必要な範囲内でその子を懲戒することができる」、児童虐待防止法第14条（親権の行使に関する配慮等）では「児童の親権を行う者は、児童のしつけに際して、その適切な行使に配慮しなければならない。児童の

親権を行う者は、児童虐待に係る暴行罪、傷害罪その他の犯罪について、当該児童の親権を行う者であることを理由として、責めを免れることはない」と、体罰の明確な禁止規定はなく、保護者の懲戒権がしつけを口実にした虐待につながりかねないという指摘がある。今後、親権者の体罰禁止を明記（ただし、違反した場合の罰則は設けない）する方向で法改正が行われる予定である。

　ケースの場合、養護教諭がAの父親の体罰を初めて把握した。児童虐待防止法第6条（通告）「児童虐待を受けたと思われる児童を発見した者は、（中略）児童相談所に通告しなければならない」により、学校は児童相談所へ通告することになる。またこのケースの場合、学校と児童相談所が連携し、父親に「体罰の教育的効果は否定されている」ことを伝える必要がある。教員と児童相談所の職員が同席し、Aの両親と懇談するのが最適であろう。学校からは、校長、教頭、生活指導部長、学級担任、養護教諭が同席する。保護者と教員は、Aの健やかな成長という目的に向かって同じ方向を向いているのである。

基本認識・対応の原則・関連知識

- このケースは、父親の虐待という側面と父親からの体罰という側面をもつ。
- 保護者の体罰については、明確な禁止規定はない。
- 今後、親権者の体罰禁止を明記する方向で法改正が行われる予定である。
- 保護者と教員は、Aの健やかな成長という目的に向かって同じ方向を向いている。

引用文献・参考文献

- 学校教育法第11条（体罰の禁止）
- 児童虐待防止法第2条（定義）
- 児童虐待防止法第6条（通告）
- 児童虐待防止法第14条（親権の行使に関する配慮等）
- 民法第822条（懲戒）

毎日遅刻し、授業中階段下で立ち尽くしている女の子がいる

　あなたは小学校で養護教諭をしています。その学校の4年生女子Hは、朝起きられず、毎日のように遅刻をしてきます。授業中に登校しきたときは、友だちの視線が気になるからと言って教室に入りません。次の休み時間になるまで階段の下で立ち尽くしていることもあります。両親に、「授業中に登校したときには、保健室で待たせるようにしましょうか。」と伝えたところ、「保健室登校なんて世間体が悪い。」と断られました。

　Hは、遅刻が常態化している児童である。遅刻し、教室に入れず階段の下に立っているHの気持ちを察すると、この状況は一日も早く解消しなければならない。この状況を放置すると、Hは不登校になるであろう。学級担任は、早急に対策を講じなければならない。

　現在の情報では、Hの遅刻の原因は、家庭での基本的生活習慣の乱れである。また、保健室に入れることを提案した養護教諭に、保護者は「世間体が悪い」と発言した。Hの遅刻の責任が自らにあるにも拘らず、それが「世間体が悪い」とするのは理屈が通らない。このような保護者の言動からは、心理的虐待やネグレクトの可能性も推察される。

　またもう一点、このケースで気になるのは学級担任の動きである。Hの登校時に授業を行っている学級担任は、当然Hの状況を把握できるはずである。登校時には養護教諭が対応したとしても、Hや保護者には学級担任が対応し

なければならない。学級担任は、教頭や生活指導部長にこの状況を報告し、Hと保護者に対するケース会議の開催を要請する。また、ケース会議の内容が保護者にもかかわることから、スクールソーシャルワーカーの出席も要請する。このケースで最初に行わなければならないのは、Hや保護者の生活実態の把握であろう。Hや家庭の生活はどのようなものなのか、保護者はどのような考えをもっているのか、祖父母など生活を支援できる親族はいないのかなどである。ケース会議では、誰がいつどのように動くのか、改善がみられなかったとき次にどのような手を打つのかなどを具体的に短時間（20 分程度）で決定し、すぐに行動に移す。

　現在の不登校はその背景に、不適切な養育、本人の心理的問題、発達障害、いじめなどの原因がある。当該不登校児童生徒が現在どのような状態にあり、どのような援助を必要としているのかをその都度見極め、すぐに適切な働きかけを行わなければならない。これは学級担任一人では難しいことでもあり、ケース会議はその有力な手段となる。

基本認識・対応の原則・関連知識

- この状況を放置するとHは不登校になる。学級担任は早急に対策を講じなければならない。
- Hの保護者に、心理的虐待やネグレクトが推察される。
- 学級担任は、Hと保護者に対するケース会議の開催を要請する。
- Hや保護者の指導は学級担任が対応する。
- 不登校の背景には多様な原因がある。不登校児童の状態と必要とする援助をその都度見極め、すぐに適切な働きかけを行う。

引用文献・参考文献

- 文部科学省　平成 22 年 (2010)　生徒指導提要　第 6 章生徒指導の進め方　pp.187-189

ケース No. 098

毎日保健室へ来る児童の家庭が、喧嘩が絶えない家庭だとわかった

ケース

　あなたは小学校で養護教諭をしています。その小学校の３年生の男子児童Ｒは、登校直後から毎日頭痛を訴えて保健室へ来室し、その状態が２か月以上続いています。欠席は少ないのですが、保健室へ来室しない日はありません。Ｔは保健室に来ると、家のようすや弟のことなどを話します。継続して話を聞いていると、父親のこだわりが強く、それが原因で祖父、祖母、母親との喧嘩が絶えない家族だということがわかりました。

解説

　登校直後から毎日頭痛で保健室へ来室する児童がいると、養護教諭としてはその原因を探ろうとするのは当然である。また、このケースでは触れられていないが、学級担任がどのような動きをしていたのかも気になる。学級担任は、保健室に行くＲの行動を当然把握していると思われ、Ｒの指導は学級担任が行わなければならないからである。

　保健体育審議会答申は、「養護教諭は、児童生徒の身体的不調の背景に、いじめなどの心の健康問題がかかわっていること等のサインにいち早く気付くことのできる立場にあり、養護教諭のヘルスカウンセリング（健康相談活動）が一層重要な役割を持ってきている」と養護教諭の行うヘルスカウンセリングに言及している。ケースの養護教諭がＲと自然に接しながらも家庭の様子を聞き出しているのはその一例である。「父親のこだわりが強く」とあるが、養護教諭はおそらくその具体的な行動も聞き出しているのであろう。Ｒの保

健室来室と家族不和との関係は容易に述べることはできないにしても、Rの行動改善のための一つのヒントであることは間違いない。

　このケースの場合、校長（教頭）、生活指導部長、学年主任、学級担任、養護教諭などの関係者が集うケース会議を開き、養護教諭が把握した事実に基づき今後の対応を協議する。まず学級担任が保護者と面談することになるが、このケースの場合は母親がよい。母親には、Rが毎日保健室に来室しており、その原因がわからないことを伝える。続いて、家庭生活や友人との関係で心当たりはないかを聴き取る。そこで家庭内のもめ事がわかったとしても、学校や教員はそこに介入する立場にない。ただし、できるだけ具体的に、Rがそれを見ているのか否か、どのような関わり方をしているのかは、丁寧に聴き取る。またそこに暴力があり、それをRが見ているという状況があれば、Rへの心理的虐待ということになる。母親には、Rには家族の喧嘩を見せないようにするよう伝え、家族一丸となってRの成長を支えなければならないことを伝える。

基本認識・対応の原則・関連知識

- 保健体育審議会答申は、養護教諭のヘルスカウンセリングの重要性に言及している。
- ケース会議を開き、養護教諭が把握した事実に基づき今後の対応を協議する。
- 学校の教員は、家庭内のもめ事に介入する立場にない。
- 家族間に暴力があり、それをRが見ているという状況があれば、Rへの心理的虐待である。

引用文献・参考文献

- 保健体育審議会答申　平成9年 (1997)

保護者 × 混迷

母親の帰宅が遅く、毎日遅刻してくる女子児童がいる

ケース

　あなたは小学校で養護教諭をしています。3年生の女子児童Rは、集団登校で登校することができず、毎日遅刻してきます。母親が送って来ることもあります。朝食は食べておらず、授業中は机に突っ伏して寝ています。家族は母親と兄、Rの3人で、母親は仕事で帰宅が遅く、時々泊りで帰ってこない日もあるようです。夕食は出前や兄が買ってくる持ち帰り弁当が多いようです。お風呂に入るのも、3日に一回程度です。祖父の家が近くにあり、担任の先生が「お母さんがいないときは、おじいちゃんの家に行けばどうかな。」とRに提案しましたが「おじいちゃんの家ではゲームができない。」という理由で行きたがりません。

解説

　ケースの文面から、Rは不登校傾向にあり、またRの母親はネグレクト傾向にあることがわかる。母親の仕事や家庭の生活リズムがどのようなものかはわからないが、少なくともRに対して良い影響を及ぼしているとは言えない。この状態を放置すると、Rは不登校になる。文部科学省では不登校児童生徒を「何らかの心理的、情緒的、身体的あるいは社会的要因・背景により、登校しない、あるいはしたくともできない状況にあるため年間30日以上欠席した者のうち、病気や経済的な理由による者を除いたもの」と定義している。

　養護教諭としては、Rの学級担任、Rの兄の学級担任（同小学校に在籍しているのであれば）とともに、生活指導部長などにケース会議の開催を要請

する。参加者は、校長 (教頭)、生活指導部長、養護教諭、Rの学級担任、Rの兄の学級担任などRに関係する教職員である。ケース会議では、Rについての情報交換、アセスメント (見立て、Rのおかれている環境の整理)、プランニング (RおよびRの母親との関わりの方針)、役割分担を決定することになるが、開催前に次の3点が記入されたカンファレンスシートが準備されていると会議が進めやすい。

　①Rの家庭のようす (Rの生活習慣)

　②Rの母親のようす

　③Rの母親と祖父の関係

　このように、ケース会議を開催することで、Rの指導には学級担任一人、あるいは養護教諭一人が対応するのではなく、多くの教職員が専門的知識やそれぞれの経験をもとに対応できることになる。このケースの場合、母親の状況によっては児童相談所や民生児童委員との連携も必要となろう。ケース会議ではこのような関係機関との連携も議論される。

基本認識・対応の原則・関連知識

- 文部科学省では不登校を定義している。
- 養護教諭は、生活指導部長にケース会議の開催を要請する。
- ケース会議開催前に、カンファレンスシートが準備されていると話が進めやすい。
- 母親の状況によっては児童相談所や民生児童委員との連携も必要となる。

引用文献・参考文献

- 文部科学省　平成4年 (1992)　学校不適応対策調査研究協力者会議報告　登校拒否 (不登校) 問題について－児童生徒の「心の居場所」づくりを目指して－
- 塚元宏雄　2012　課題を抱えた子どもたちの環境改善を図るためのケース会議の在り方　鹿児島大学教育学部教育実践研究紀要第22巻　pp.241-246

ケースNo. 100

保護者 × 混迷

不登校傾向の男子児童がいるが、母親は問題だと思っていない

ケース

あなたは小学校で養護教諭をしています。毎日登校時刻に遅れて、母親に自転車で送ってもらって来る4年生の男子児童Cがいます。母子家庭で、3年生の2学期頃から徐々に休む日が増えていました。担任の先生やあなたが家庭訪問すると、玄関ドアを半分開けて母親が対応し、C本人は後ろから少し姿を見せる程度です。Cは登校するなり、「今日は給食を食べたら帰る。」「しんどくて教室に行けない。」と言いますが、病院で検査をすると何も悪いところはありません。母親はCを溺愛しており、Cの不登校傾向を問題だとは思っていません。

解説

Cは、不登校傾向にある。不登校が継続することは、児童生徒の進路や社会的自立のためには望ましいことではない。そのため学校ではケース会議を開き、この課題解決に学校組織として対応する。

小学校入学とともに、児童の集団生活が始まる。児童には、時間で区切られた規則正しい生活や授業規律、他者との関わりや集団生活のルールなどを身に付けることが求められる。小学校低中学年は乳幼児期の延長線上にあり、生活習慣の確立に保護者の影響が強い。教育基本法第10条（家庭教育）には、「父母その他の保護者は、（中略）生活のために必要な習慣を身に付けさせるとともに、自立心を育成し、心身の調和のとれた発達を図るよう努めるものとする」と規定されている。

Cは、母親に自転車で送ってもらうので、家にひきこもっているわけではない。「給食を食べたら帰る」であっても不登校にカウント（年間30日以上欠席、ただし病気などでの欠席を除く）されていないかもしれない。しかし母親の様子からは、学校教育法第17条（就学させる義務）「保護者は、子の満六歳に達した日の翌日以降における最初の学年の初めから、満十二歳に達した日の属する学年の終わりまで、これを小学校（中略）に就学させる義務を負う（後略）」の違反の可能性も考えられる。

　養護教諭としては、生活指導部長などにケース会議開催を要請し、学校としてのRの指導方針を決定しなければならない。母親には、学級担任から「Rには年相応の自立心が必要である。今は良くても、将来をどのように考えているのか。」と問い、現在の母親の言動が適切なものではないことを伝える必要がある。また、スクールソーシャルワーカーとも連携し、継続的にRの家庭を支援していく必要がある。いずれにしても、放置が許されないケースである。

基本認識・対応の原則・関連知識

- 不登校が継続することは、児童生徒の進路や社会的自立のためには望ましいことではない。
- 小学校低中学年は乳幼児期の延長線上にあり、生活習慣の確立に保護者の影響が強い。
- 母親は、学校教育法第17条（就学させる義務）違反の可能性がある。
- Rについてのケース会議開催し、学校としての指導方針を決定する。
- スクールソーシャルワーカーと連携し、継続的にRの家庭を支援する。

引用文献・参考文献

- 教育基本法第10条（家庭教育）
- 学校教育法第17条（就学させる義務）
- 文部科学省初等中等局（通知）　平成15年（2003）　不登校への対応の在り方について
- 文部科学省　平成22年（2010）生徒指導提要　第6章生徒指導の進め方　pp.142-143

ケース No. 101

職員室で仕事をしていると、「養護教諭は保健室にいるべきだ」と言われた

ケース

あなたは小学校で養護教諭をしています。保健関係の事務仕事は、基本的に職員室でするようにしています。教頭先生や授業の空きの先生方との何気ない会話から、子どもたちや保護者、学校の情報を得られるからです。ところがある日、4年生担任のK先生から、「なぜ養護教諭は保健室にいないのか?調子が悪く保健室へ行った子どもたちがいつも探している。」と言われました。保健室前には、養護教諭の所在を示すカードを掲示しているのですが、「体調が悪かったりケガをしている子どもを移動させるのはかわいそうだ。」とも言われました。

解説

保健室への児童の来室は休憩時間が多いとはいうものの、授業中や給食時間、掃除時間にもある。一方、養護教諭は保健室に常駐しているかといえばそうではなく、職員室にいることも、また出張や救急搬送のために学校外に出ている場合もある。養護教諭不在時の保健室の管理であるが、以下の4点が考えられる。

　①保健室は施錠し、保健室の前には「養護教諭不在」と「代替の対応」を表示する。

　②保健室に来室した児童、保健室で休養する児童には、学級担任または他の教員が必ず付き添う。

　③体温計、応急手当箱などは職員室で、担架、AEDなどは保健室で管理する。

　④医療機関の連絡先などは、保健室内に明示する。

体調が悪く保健室へ来た児童が養護教諭を探すというのは、K先生が言うとおり好ましいことではない。一方、ケースの養護教諭が述べた職員室での教職員の言動などから児童についての情報を得ようとする意図にまちがいはない。このケースでは、これらそれぞれの状況を勘案しながら解決策を考える必要がある。養護教諭不在時の保健室の管理については、年度当初の職員会議等で全教職員に周知しておく。ただ、養護教諭の行動を制限するような決まりは作るべきでない。

　学校によっては、不登校傾向にある児童生徒が保健室に登校している場合がある。保健室登校については、本人が保健室登校を望んでいるか、保護者の理解と協力が得られているか、全教職員の共通理解が得られているか、保健室登校に対応できる校内体制が整っているかなどの確認事項がある。決して養護教諭の在室を前提としてはならない。保健室登校は教室登校に比べてハードルが低く、将来の教室登校と社会的自立に向けての1ステップと位置付けられ、この場合も教員が必ず付き添う。

　養護教諭の居場所についての規定はない。保健室と職員室が離れている場合には、養護教諭不在の保健室に児童が来たことを知らせるベルなどの設置も考えられる。

基本認識・対応の原則・関連知識

- 養護教諭不在時の保健室の管理には、4つの考慮点がある。
- 養護教諭不在時の保健室の管理については、年度当初の職員会議等で全教職員に周知しておく。
- 養護教諭の行動を制限するような決まりは作るべきでない。
- 保健室と職員室が離れている場合には、養護教諭不在時に児童来室を知らせるベルなどを設置する。

引用文献・参考文献

- 文部科学省　平成23年（2011）　教職員のための子どもの健康相談及び保健指導の手引　pp.25-27

ケース No.
102

保健室での体重測定のとき、担任の先生がおらずざわざわしている

ケース

あなたは小学校で養護教諭をしています。3年2組の体重測定のとき、担任のA先生から「学級で連絡帳を書きたいので、子どもたちだけで保健室へ行かせます。子どもたちにはちゃんとするように言っておきますので。」と言われました。しかし、担任の先生がいない保健室では、子どもたちは緊張感がなく、ざわざわして立ち歩いている子どももいます。

解説

学校が行う健康診断は、学校保健安全法第13条（児童生徒等の健康診断）に「学校においては、毎学年定期に、児童生徒等の健康診断を行わなければならない」と定められている。その検査項目は、学校保健安全法施行規則第6条（検査項目）に下記のように定められている。

①身長及び体重

②栄養状態

③脊柱及び胸郭の疾病及び異常の有無並びに四肢の状態

④視力及び聴力

⑤眼の疾病及び異常の有無

⑥耳鼻咽頭疾患及び皮膚疾患の有無

⑦歯及び口腔の疾病及び異常の有無

⑧結核の有無

⑨心臓の疾病及び異常の有無

⑩尿

⑪その他の疾病及び異常の有無

体重は、ここに定められた検査項目である。児童は、測定の邪魔にならないように静かに整列して待たなければならない。そのような中、ケースの課題が生じた。

学級担任は児童に「ちゃんとしとくように」と言ったようであるが、それにもかかわらず「緊張感なく、ざわざわして立ち歩いている」のであれば、学級担任の指示は児童に浸透していない。学校では、教員が「教えた」という事項を児童が「学んでいない」ことはよくあり、学級担任は自分の指示の結果を直視しなければならない。すぐに学級担任に連絡し、測定に立ち会ってもらう。おそらく事前の職員会議や実施要項で、学級担任の測定立会いと児童の指導が周知されていると思われるので、これは学級担任の当然の責務ということができる。

全児童を対象とする健康診断は、養護教諭一人では実施できない。学級担任や担任外教員（副担任など）に役割の分担があれば、それを軽視してはならない。万一、緊急の事情で分担に入れないときには、代理を立てなければならない。ケースのように、個人的な判断で分担に入らないことは、厳に慎まなければならない。

基本認識・対応の原則・関連知識

- 健康診断は、学校保健安全法第13条（児童生徒等の健康診断）に定められている。
- 学校では、教員が「教えた」という事項を児童が「学んでいない」ことはよくある。
- 緊急の事情で分担に入れないときには、代理を立てる。

引用文献・参考文献

- 学校保健安全法第13条（児童生徒等の健康診断）
- 学校保健安全法施行規則第6条（検査項目）

ケース No. 103

無断欠席の子どもの保護者へ連絡しない担任の先生がいる

ケース

あなたは小学校で養護教諭をしています。5年生に、ほぼ毎日遅刻をしてくる子どもが2、3人いる学級があります。あなたは朝の健康観察の時点で、遅刻か欠席か、保護者からの連絡があるのかないのかを把握したいのですが、その学級担任のU先生は、健康観察名簿への記入のルールを守ってくれません。年度初めの職員会議で、健康観察名簿の記入方法、その大切さは説明してあります。またその学校には、無断欠席があった場合、その保護者に午前中に連絡するという生活指導上のルールがあるのですが、U先生はそのルールを守っている様子もありません。

解説

児童に無断欠席があった場合、学級担任から保護者への連絡は最優先事項である。家庭内や登校中の事故事件や登校を装った家出の可能性があるからである。

このような欠席の把握について、学校ではルールを定めており、全教職員はこのルールに従って動くことになる。児童の健康安全に直接に関わることであり、軽視してはならない。ケースの場合、職員会議でその詳細が説明されている。U先生は、担任する児童が学校で安全・安心に過ごすことができるようにする責任を負っているが、その責任を果たしておらず、業務処理不適正にあたる。業務処理不適正とは、教職員の故意または怠慢による不適正な業務処理のことである。養護教諭としては、すぐにこの現状を教頭に報告

し、教頭はU先生を指導することになる。

　学級担任は校務分掌である。学校教育法施行規則第43条(校務分掌)には、「小学校においては、調和のとれた学校運営が行われるためにふさわしい校務分掌の仕組みを整えるものとする」とあり、学校という組織が有効に作用するよう整備することを意味する。U先生は、その一端を担う教員であり、朝の健康観察や欠席児童があった場合の保護者への連絡は、当然の職務である。校長や教頭の指導があっても改善されない場合は、地方公務員法第32条(法令等及び上司の職務上の命令に従う義務)の「職員は、その職務を遂行するに当たって、法令、条例、地方公共団体の規則及び地方公共団体の機関の定める規則に従い、且つ、上司の職務上の命令に忠実に従わなければならない」という規定、同法第35条(職務に専念する義務)の「職員は、(中略)その勤務時間及び職務上の注意力のすべてをその職責遂行のために用い、当該地方公共団体がなすべき責を有する職務にのみ従事しなければならない」という服務義務違反に問われることになる。

基本認識・対応の原則・関連知識

- 児童に無断欠席があった場合、学級担任から保護者への連絡は最優先事項である。
- 校長や教頭の指導があっても改善されない場合は、地方公務員法第32条(法令等及び上司の職務上の命令に従う義務)、同法第35条(職務に専念する義務)違反に問わる。

引用文献・参考文献

- 地方公務員法第32条(法令等及び上司の職務上の命令に従う義務)
- 地方公務員法第35条(職務に専念する義務)
- 学校教育法施行規則第43条(校務分掌)
- 文部科学省　平成22年(2010)　生徒指導提要　第6章生徒指導の進め方　pp.133-135

ケース No. 104

子どもが保健室に行きたいというと、すぐに許可を出す先生がいる

ケース

あなたは小学校で養護教諭をしています。その小学校に、子どもが保健室に行きたいと言うと、詳しく事情も聞かず、「行ってきなさい。」とすぐに許可を出す先生がいます。担任の先生は忙しく、子どもと話す時間が取れないんだろうなと思いますが、そのような学級が複数あると、休憩時間には保健室が子どもたちでいっぱいになり、本当にじっくり話を聞いてあげたい子どもたちへの対応ができなくなります。一方、担任の先生が、「もう少し教室で様子をみようか。」と保健室に行かせなかった場合、「先生に調子が悪いと言ったのに保健室へ行かせてもらえなかった。」と、保護者からの苦情を受けることもあります。

解説

ケガをした児童、体調不良の児童は、学級担任の許可を得て保健室へ来室する。擦り傷や打撲の場合、学級担任はそのケガの程度を視認することで許可の可否を判断することができるが、「だるい」「しんどい」などの訴えでは、その程度の判断は難しい。教室を抜けたいために、あるいは授業を受けたくないために、虚偽の申告をする児童もいるからである。

養護教諭が保健室で行うのは救急法である。救急法は、「病気や怪我の人を安全な場所へと救助して、医師や医療関係者に引き渡すまでの痛みの軽減や悪化を防止するための応急的な手当」と定義されている。養護教諭は学校内の養護の専門職であるが、病気や怪我を診断することはできないので、救

急法の対象以上の症状の場合には、医療機関へ搬送することになる。大きな学校の場合、学級担任が児童の申告通り保健室に行かせたならば、ケースのように養護教諭の仕事が回らなくなる。養護教諭は、一人しかいないのである。怪我をした児童、体調不良の児童には養護教諭による救急法が必要であるが、より軽微な怪我や体調不良の場合は、学級担任による処置も可能である。保健室に行かせる前に、学級担任の判断が必要である。

　学級担任の判断基準については、年度当初の打ち合わせで養護教諭から説明するのがよい。この際の資料には、緊急を要しない場合の例、学級担任が児童にかける言葉を載せておく。各学級に体温計や傷テープを常備し、保健室への児童の集中を緩和している学校もある。

基本認識・対応の原則・関連知識

- 怪我をした児童、体調不良の児童は、学級担任の許可を得て保健室へ来室する。
- 養護教諭が保健室で行うのは救急法である。
- 救急法の対象以上の症状の場合は、医療機関へ搬送する。
- より軽微な怪我や体調不良の場合は、学級担任による処置も可能である。

引用文献・参考文献

- 田中哲郎　2018　衛藤隆他（編）　最新Ｑ＆Ａ教師のための救急百科第２版　大修館書店　pp.6-7

養護教諭編

105

健康診断時、児童指導用プリントを配るが、読まない担任の先生がいる

　あなたは小学校で養護教諭をしています。健康診断の度に、教員向けに児童指導用プリントを作成しています。そのプリントには、子どもたちの並ぶ順、並び方、待機中の配置、当日の服装、事前指導のポイントを記入し、健診の数日前に配布し、当日朝の職員打ち合わせ時にも確認しています。しかし担任の中には、これを全く読まない先生がおり、健診日や時間を間違えたり、服装や持ち物が違っていたりすることがあります。学校医さんや外部の機関が関わる健診の場合は、その方たちに迷惑をかけることになり、困ります。

解説

　健康診断の実施は、学校保健安全法第13条（児童生徒等の健康診断）に「学校においては、毎学年定期に、児童生徒等の健康診断を行わなければならない」と規定されている。学校保健安全法施行規則第6条（検査項目）には、身長、体重など11の検査項目が定められている。小学校ではこの検査項目ごとに、児童の指導事項や動きが細かく打ち合わせされている。その内容には、児童生徒のプライバシー保護に関する事項、学校医の指示事項、健康診断を円滑に行うための取り決めなどが含まれている。健康診断の日時や場所、学級順は、検査項目、学校の教室配置、保健室のレイアウトなどにより異なるため、学級担任はその都度間違いのないよう確認しなければならない。

　ケースの学級担任は、これを怠っている。この教員がどのような経験をも

つのかはケースからはわからないが、「健康診断は、前任校でも何度も経験した」「この学校でも毎年行っているので、段取りはよくわかっている」「児童指導用プリントは読まなくても、大きく変わるところはないだろう」という安易な気持ちなのだと考えられる。「毎年行っている」にしても、児童の動きは毎年異なる。学校という組織では、このような一人の教員の認識不足が、集団の不和を生み出すのである。

　教員には、児童生徒に関わる専門職としての職業倫理が存在する。この教員にはこれが欠けている。毎回このようなことが繰り返されるのであれば、養護教諭が具体的な不備を示して、本人に注意しなければならない。それが難しいのであれば、学年主任や保健主事、教頭という指導的立場にある教員に報告し、指導してもらうことになる。また、このような教員は他の行事などでも同様の確認不足がある可能性が高い。年度末には、反省事項、改善事項として記録し、次年度に引き継がなければならない。

基本認識・対応の原則・関連知識

- 健康診断の実施は、学校保健安全法第13条（児童生徒等の健康診断）に規定されている。
- 小学校では健康診断の検査項目ごとに、児童の指導事項や動きが打ち合わせされている。
- 学校という組織では、一人の教員の認識不足が集団の不和を生み出す。
- 毎回このようなことが繰り返されるのであれば、養護教諭が具体的な不備を示して、本人に注意する。

引用文献・参考文献

- 学校保健安全法第13条（児童生徒等の健康診断）
- 学校保健安全法施行規則第6条（検査項目）

具体的な処置を伝えて、子どもを保健室に来させる先生がいる

ケース

　あなたは小学校で養護教諭をしています。3年生担任のA先生は、「消毒してもらっておいで。」「湿布貼ってもらっておいで。」「ちょと寝かせてもらっておいで。」などと、具体的な処置を伝えて子どもを保健室へ来させます。あなたが子どもの状態を見て行った処置と、A先生が子どもに言った処置が異なると、子どもは困惑し、「でも、A先生が○○してもらっておいで、って言ってた。」と、不安や不満な様子になります。来室した子どもへの処置は、任せてもらえるとありがたいと思うことがあります。

解説

　学校教育法第37条（職員）12項で、養護教諭の職務は「児童の養護をつかさどる」と定義されている。また、学校保健安全法第7条（保健室）では、「学校には、健康診断、健康相談、保健指導、救急措置その他保健に関する措置を行うため、保健室を設けるものとする」と規定されている。ここで救急処置とは、「現在の状態をこれ以上悪化させないために行う処置」で、「傷病者を現在の状態から健康な状態に回復させるために行う医学的処置」である治療とは異なる。児童生徒の保健室来室時、養護教諭は具体的な救急処置を施し、ある時には医学的処置のために病院への搬送を行う。

　ケースの場合、A先生は具体的な処置を伝えて保健室に来させている。これは、「処置は任せてもらえるとありがたい」という養護教諭の訴え以上に考えなければならない問題を含んでいる。保健体育審議会答申では、養護教諭

に求められる力として、次の4点が示されている。

①保健室を訪れる児童生徒に対応するための知識・理解・技能及び確かな判断力と対応力
②健康課題を捉える力
③健康課題を解決するための指導力
④企画力、実行力、調整能力

養護教諭は、これら修得し、児童の救急措置に責任をもつのである。しかし、児童がA先生から具体的な処置を伝えられており、養護教諭の処置がこれと異なると、児童には迷いが生ずる。場合によっては、養護教諭の判断に影響を与えることにもなりかねない。

おそらくA先生は、自分の発言が児童に迷いを生じさせ、養護教諭の判断に影響を与えていることに気づいていない。A先生には、直接現状の改善を申し入れるとよい。また、他の教員間でもこれと同じことが起こっている可能性がある。年度末の校務分掌の反省会時、このようなケースを出し合い、教職員の専門性の発揮や校務の改善に資する必要がある。

基本認識・対応の原則・関連知識

- 養護教諭は、具体的な救急処置を施し、ある時には医学的処置のために病院への搬送を行う。
- 児童がA先生から具体的な処置を伝えられており、養護教諭の処置がこれと異なると、児童には迷いが生ずる。場合によっては、養護教諭の判断に影響を与えることにもなる。

引用文献・参考文献

- 学校教育法第37条（職員）
- 学校保健安全法第7条（保健室）
- 日本学校保健会　2012　学校保健の課題とその対応－養護教諭の職務等に関する調査結果から－　pp.7-9
- 保健体育審議会答申　平成7年（1995）

ケース No. 107

不登校気味の子どもが保健室にいるのに、関わろうとしない先生がいる

ケース

あなたは小学校で養護教諭をしています。6年生の女子児童Bは不登校気味で、登校しても教室になかなか入れず、保健室に長くいることもあります。しかし担任のO先生は、Bが保健室にいること知っていても様子を見に来ることはありません。Bも、「O先生はいやや。」などと言っています。あなたがO先生に、「ときどき様子を見に来てもらええませんか。また、課題があれば保健室でさせますよ。」と伝えると、「私はあなたみたいに話せないの。Bから嫌われているから。」とのことでした。

解説

平成24年の文部科学省の調査によると、小中学生が不登校になったきっかけとして考えられる状況として、次のような事由があげられている。

①学校に係る状況：いじめを除く友人関係をめぐる問題（14.8%）

　　　　　　　　　学業の不振（9.1%）

②家庭に係る状況：母子関係をめぐる問題（11.1%）

③本人に係る状況：不安などの情緒的混乱（26.6%）

　　　　　　　　　無気力（25.9%）

　　　　　　　　　あそび・非行（9.5%）

また、少数ではあるが、教職員との関係をめぐる問題（1.8%）も事由となっている。

ケースでは、生活指導が学級担任の大切な仕事であるにもかかわらず、O

先生がBの状況改善に前向きでないことが伺える。学級担任であっても養護教諭であっても、児童に信頼される、児童の心を掴むことにより児童の指導が可能になる。

文部科学省の「現代的健康課題を抱える子供たちへの支援」に、「養護教諭は、児童生徒の身体的不調の背景に、いじめや不登校、虐待などの問題が関わっていること等のサインにいち早く気付くことができる立場にあることから、児童生徒の健康相談において重要な役割を担っている。さらに、教諭とは異なる専門性に基づき、心身の健康に課題のある児童生徒に対して指導を行なっており（中略）、生徒指導面でも大きな役割を担っている」とあるように、近年養護教諭には、保健指導に加えて生徒指導が求められている。ここでの生徒指導の対象は児童生徒であり、生徒と呼ばれる中学生高校生のみでなく、小学生も含まれる。しかしこれは、養護教諭が不登校児童生徒の指導を行なうという意味ではない。

養護教諭としては、生活指導部長にBについてのケース会議開催を要請することになる。ケース会議では、学級担任の動き、養護教諭の動き、他の教員の動き、保護者への協力要請などを、具体的に打ち合わせる。

基本認識・対応の原則・関連知識

- 養護教諭は、児童生徒の健康面の指導だけでなく、生徒指導面でも大きな役割を担っている。
- ケース会議で、各教員の動きを具体的に打ち合わせる。

引用文献・参考文献

- 文部科学省初等中等教育局児童生徒課　平成24年（2013）　「児童生徒の問題行動等生徒指導上の諸問題に関する調査」について　p.52
- 文部科学省　平成29年（2017）　現代的健康課題を抱える子供たちへの支援〜養護教諭の役割を中心として〜　はじめに

108

保健室で子ども数人と話す時間を取っていたが、「担任批判の場になる」と言われた

ケース

　あなたは小学校で養護教諭をしています。5年生の女の子数名が、休み時間に保健室へ話に来ます。毎日、毎時間というわけではなく、チャイムを守って教室へ帰るので、あなたは時間が許す限り受け入れていました。しかしある日、担任のF先生から「保健室が子どものたまり場になることが担任批判の場になり、ゆくゆくは学級崩壊を引き起こすきっかけになるからやめてほしい。」と言われました。

解説

　学級経営研究会は、「学級がうまく機能しない状況」を「子どもたちが教室内で勝手な行動をして教師の指導に従わず、授業が成立しないなど、集団教育という学級の機能が成立しない学級の状態が一定期間継続し、学級担任による通常の手法では問題解決ができない状態に立ち至っている場合」と定義している。またその要因の一つとして、学級担任の指導力不足をあげているが、ある一つの原因によって結果が生まれるという単純な対応関係ではないとしている。

　児童にとって、学級担任の先生のイメージと保健室の先生のイメージは異なる。学級担任に話せないことを養護教諭に話す児童も多く、養護教諭が児童やその家庭についての重要な情報を最初に知ることもある。これは、養護教諭の職種に起因する以上に、養護教諭の人柄や工夫された傾聴姿勢からくる場合が多い。これを「大切なことを、子どもに一番近いはずの自分には話

さず養護教諭に話した。自分は頼りにされていない」と誤解する学級担任も
いる。ケースのF先生も、そのような一人だと思われる。養護教諭が来室児
童を的確に管理している場を「子どものたまり場」と表現し、「担任批判の場
になる」「学級崩壊を引き起こす」などと、根拠のない論を展開している。

　学級経営研究会は「学級経営の充実に関する調査研究（中間まとめ）」で、
学級がうまく機能しない102の事例を分析し、「必要な養育を家庭で受けて
いない子どもがいる事例」「いじめなどの問題行動への適切な対応が遅れた事
例」などの10のケースに類型化した。102事例の内、実に74事例（複数のケー
スに類型化されているケースあり）が「教師の学級経営が柔軟性を欠いている
事例」であった。

　養護教諭としては、F先生の言動を教頭や生活指導部長に報告する。F先
生の学級を対象とするケース会議が開催できればよいが、開催できない場合
は、一般的な「学級がうまく機能しない状況」の対処方法をテーマとする校内
研修を実施してもらう必要がある。

第2章

養護教諭編

基本認識・対応の原則・関連知識

- 「学級がうまく機能しない状況」の要因の一つとして、学級担任の指導力
  不足があるが、ある一つの原因によって結果が生まれるという単純な対
  応関係ではない。
- 養護教諭が児童やその家庭についての重要な情報を最初に知ることもあ
  る。
- 「学級がうまく機能しない状況」の対処方法をテーマとする校内研修を実
  施する。

引用文献・参考文献

- 学級経営研究会　平成11年（1999）　学級経営の充実に関する調査研究（中間まとめ）
- 全国公立学校教頭会　2004　Q＆A学校管理・運営の法律実務　新日本法規出版
  pp.1090-1093

一人職は孤独だな、と思うことがある

ケース

　あなたは小学校で養護教諭をしています。養護教諭は担任をもつことはありません。が、職員会議などの会議への出席、学校行事の準備や後片付け、研究授業への参加など、学校全体の仕事では他の教員と同じように動きます。しかし、保健室での仕事は誰にも手伝ってもらえないことが多く、学校全体での仕事を終えた後、自分の仕事に戻ります。一人職は孤独だな、と思う瞬間があります。

解説

　学校教育法第37条（職員）には、「小学校には、校長、教頭、教諭、養護教諭及び事務職員を置かなければならない（後略）」（同法第49条で中学校に準用）とある。また同法第60条（職員）には、「高等学校には、校長、教頭、教諭及び事務職員を置かなければならない。2 高等学校には、前項に規定するもののほか、副校長、主幹教諭、指導教諭、養護教諭、栄養教諭、養護助教諭、実習助手、技術職員その他必要な職員を置くことができる（後略）」とある。このように養護教諭は、全小中学校に置かれ、高等学校にも置くことができる教員である。

　また、多くの学校では養護教諭は一人配置である。ただし、養護教諭が果たす役割の重要性が増す中で職制の改善が進み、平成5年から30学級以上の学校には二人配置、平成13年からは児童数851人以上の小学校、生徒数801人以上の中学校高等学校などで複数配置が進められている。

　日本学校保健会では、養護教諭の専門領域における主な職務内容として次

の7項目をあげている。

①学校保健計画及び学校安全計画（の策定）　②保健管理

③保健教育　　　　　　　　　　　　　　　④健康相談

⑤保健室経営　　　　　　　　　　　　　　⑥保健組織活動

⑦その他

　学校では、児童生徒の学習指導、生徒指導のみならず多くの仕事がある。ところが、保健管理や健康相談を担う養護教諭は一人であり、そのため仕事内容について相談したくても先輩や同僚が学校にはいない。努めて近くの学校や市町村内に組織されている養護教諭研究会内に、相談できる先輩、同僚を作っておくべきであろう。

　養護教諭が一人職であるということは、出張や休暇で養護教諭不在時に保健室を閉めることを意味する。児童生徒の体調不良や怪我のときに他の教職員が手当てできるよう、体温計や応急処置箱、校医の連絡先、救急車の呼び方などを全教職員に周知しておく。

基本認識・対応の原則・関連知識

- 養護教諭は、全小中学校に置かれ、高等学校にも置くことができる教員である。
- 日本学校保健会では、養護教諭の専門領域における主な職務内容として7項目をあげている。
- 養護教諭が不在時の救急処置を、全教職員に周知しておく。

引用文献・参考文献

- 学校教育法第37条（職員）
- 学校教育法第49条（準用規定）
- 学校教育法第60条（職員）
- 日本学校保健会　2012　学校保健の課題とその対応－養護教諭の職務等に関する調査結果から－　pp.93-95

ケース No. 110

教員、スクールカウンセラー、保護者のつなぎ役としてどう動けばいいのか悩む

ケース

　あなたは小学校で養護教諭をし、校務分掌では教育相談部に所属しています。その学校では、保護者との教育相談に関わるスクールカウンセラーWさんの評判がよくありません。あなたから見ると、Wさんは一生懸命なのですが、相談時間を機械的に切ることやWさんの助言が相談者の感じる方向と少々異なることなどに原因があるようです。このような状況で、教員、スクールカウンセラー、保護者のつなぎ役としてどう動けばいいのか、悩むことがあります。

解説

　スクールカウンセラーは、地方公務員法第3条（一般職の属する地方公務員及び特別職に属する地方公務員）3項に規定される非常勤の公務員で、その中心業務は、学校での相談面接（カウンセリングとコンサルテーション）である。カウンセリングとは児童生徒や保護者への相談・助言、コンサルテーションとは教職員への助言・協議・相談である。2018年時点でのスクールカウンセラー配置状況（不定期配置を含む）は、小学校で73.6％、中学校で95.1％、高等学校で85.8％である。

　教職員は、集団内での児童生徒の日常の言動を知る立場にある。一方、スクールカウンセラーはカウンセリングについての専門性はあるが、集団内での児童生徒の言動把握は難しい。これら二者間では、両者の知見や観察結果を持ち寄り、今後の最適な方向性を模索されなければならない。児童生徒の

問題行動の指導とスクールカウンセラーとの関係については文部科学省の通知があり、そこには、「スクールカウンセラーと教職員が円滑に連携協力していくために、研修等を通じて、スクールカウンセラーと教職員それぞれの職務内容等を理解する必要があること」と記されている。また、ある校長は、スクールカウンセラーは教職員と良好な関係になければその専門性が発揮できないとし、望むこととして以下の5項目をあげている。

①学校の生徒指導方針などを理解している。

②カウンセリングに関わる専門的知識をわかりやすく説明できる。

③校内では対応に限界がある事例の方向性を示すことができる。

④教職員と良好な人間関係を作ることができる。

⑤校長や教頭への報告を怠らない。

結論から言うと、ケースは養護教諭個人が抱え込むことではなく、教頭に現状を進言し、教頭あるいは生活指導部長からWさんへ助言することが効果的であろう。

基本認識・対応の原則・関連知識

- 学校で生起する様々な課題に対して、スクールカウンセラーの果たす役割は大きい。
- スクールカウンセラーと教職員は、それぞれの職務内容等を理解する必要がある。

引用文献・参考文献

- 地方公務員法第3条（一般職に属する地方公務員及び特別職に属する地方公務員）
- 文部科学省　平成19年（2007）　教育相談等に関する調査研究協力者会議（第2回）配布資料　スクールカウンセラーの業務
- 総務省行政管理局　平成30年（2018）　情報ポータルサイト　相談員・スクールカウンセラーの配置状況
- 文部科学省初等中等教育局　平成19年（2007）　問題行動を起こす児童生徒に対する指導について（通知）

第 3 章

栄養教諭編

ケース No.
111

児童生徒 × 危・機

カレーが入った食缶を階段でひっくり返した

ケース

　あなたは小学校で栄養教諭をしています。給食の配食時間になりました。各学級では給食当番がエプロンをし、担任の先生の引率のもと、給食調理場で給食を受け取り、再び学級へ帰って行きます。その日の大おかずは、子どもたちが大好きなカレーでした。そんなとき、4年1組の大おかずを運んでいた二人が階段を上っていたとき、Sくんが手を滑らせ、食缶がひっくり返ってしまいました。給食当番の子どもが給食調理場にいたあなたに連絡に来たので急いで行ってみると、階段ではカレーが流れています。

解説

　小学校で、ケースのようなことはよく起るが、廊下等に落ちた給食は、何であっても食することはできない。

　その場にいる学級担任は、すぐに次の二つの行動をとり、児童の安全を確保する。まず、火傷などの怪我をしている児童はいないかを確認し、そのような児童がいた場合はすぐに流水で冷やし、養護教諭に救護を依頼する。続いて、二次的な事故を防ぐため、その場を通行止めにし、近隣教室にいる教員に協力を依頼し、ちり取り、ほうき、バケツでカレーを取り除き、モップで拭き上げる。また油脂分があった場合は、洗剤で洗い流した後に拭き取る。ケースの場合はカレーであったが、牛乳ビンなどが割れていた場合には、とくに注意が必要である。4年1組の給食当番は、すでに教室に帰り、他の食材の配食をしていると思われるが、このままではカレーがない。職員室の教頭などに連絡をとり、「4年1組のカレーがひっくり返りました。各学級で

カレーが残っていたら、4年1組にもっていってください。」などの放送をお願いする。「学校給食実施基準」第4条（学校給食に供する食物の栄養内容）及び別表（第4条関係）には、児童生徒一人一回当たりの所要栄養量が示されており、4年生の場合、8歳〜9歳では650kcal、10歳〜11歳では780kcalとなっている。カレーがない場合、この栄養量が満たされない。

　栄養教諭のあなたは、そのときの仕事次第で現場を手伝えない場合もある。しかし、自分の仕事に関わることであるので、事後、処理に当たっていただいた教職員にお礼の言葉を忘れないようにする。

　手を滑らせたSくんについてであるが、過失であれば責任を問うことはない。ただ本人が必要以上に責任を感じている場合もあるので、学級担任と共に、「このようなことはよくあること、気にしなくてよい。」と声をかける。学級担任からは、保護者への連絡も必要である。

基本認識・対応の原則・関連知識

- 廊下等に落ちた給食は、何であっても食することはできない。
- 火傷などの怪我をしている児童はいないかを確認する。
- 二次的な事故を防ぐため、その場を通行止めにし、近隣教員の協力を得て処理する。
- 校内放送などで連絡し、他学級のカレーの一部を提供してもらう。

引用文献・参考文献

- 文部科学省（文部科学省告示第162号）　平成30年（2018）　学校給食実施基準　第4条（学校給食に供する食物の栄養内容）
- 文部科学省（文部科学省告示第162号）　平成30年（2018）　学校給食実施基準　別表（第4条関係）児童又は生徒一人一回当たりの学校給食摂取基準

５年生の全学級を集めて栄養指導をすることになったが、喉を痛めて声が出にくい

ケース

　あなたは小学校で栄養教諭をしています。子どもたちへの栄養指導については、それぞれの学年に応じた授業目標と授業計画を立て、担任の先生方と打ち合わせの後、実施します。今の勤務校は、一学年が４学級ある大きな学校です。このような場合は、学年の全学級を体育館に集合させて行うようにしています。その日は５年生の栄養指導でした。５年生は日頃から集まるとザワザワする学年で、しかもあなたは前日から喉を痛め、声が出にくい状況でした。

解説

　文部科学省の「栄養教諭制度の概要」では、「食に関する指導と給食管理を一体のものとして行うことにより、地場産物を活用して給食と食に関する指導を実施するなど、教育上の高い相乗効果がもたらされる」とし、栄養教諭の職務を以下のように示している。

　(1) 食に関する指導

　①肥満、偏食、食物アレルギーなどの児童生徒に対する個別指導を行う。

　②学級活動、教科、学校行事等の時間に、学級担任等と連携して、集団的な食に関する指導を行う。

　③他の教職員や家庭・地域と連携した食に関する指導を推進するための連絡・調整を行う。

　(2) 学校給食の管理

　栄養管理、衛生管理、検食、物資管理等

ケースの栄養指導は(1)②に関わるもので、5年生全員を集合させて行うものであった。このような指導の日程は、5年生の4学級がかなり前から予定しているもので、急な日程の変更は難しい。また、栄養指導のような臨時の授業では、4学級児童が全員集まる、学級担任ではない教員が指導する、教科書やノートがないなど、通常の授業とは状況が異なるため、学級での授業規律が生きないことが多い。一方、この栄養指導時は、学級担任4人が児童の周りにおり、聴く態度や姿勢が悪い児童には個別で注意することができる。このようなことを踏まえ、事前に各学級担任に、「今日、栄養指導をしていただく先生は喉を痛めていて、大きな声が出せません。私語をなくし、先生の言葉に耳を傾けましょう。」という指導を依頼する。

　授業は、児童全員が話を聞ける状態になるまで始めない。「私語をしている児童が一人でもいれば、私は授業をしない。」という厳格な一線を児童に知らせるのである。また授業後、質疑応答の時間を設けるのなら、①児童に挙手させる、②児童に起立して質問させる、③栄養教諭が質問に応える、④児童を座らせる、という手順を踏む。4学級の児童が体育館に集合して受ける授業の、授業規律を示すのである。

基本認識・対応の原則・関連知識

- 栄養教諭の職務には、「食に関する指導」と「学校給食の管理」がある。
- 事前に学級担任に、「栄養教諭は喉を痛めている。私語をなくし先生の言葉に集中しよう」という指導を依頼する。
- 体育館に集合して受ける授業の授業規律を示す。

引用文献・参考文献

- 文部科学省　栄養教諭制度の概要

ケース No. 113

栄養指導の授業中、子どもが「トイレに行きたい」と言った

ケース

あなたは小学校で栄養教諭をしています。ある日、3年生のある学級に栄養指導に入りました。初めの挨拶をし、授業が始まり数分した頃、男子児童Sが、「先生、トイレに行きたいです。」と言いました。あなたは、「それではSくん、行ってきなさい。」とトイレに行かせました。学級におられた担任の先生は、「申し訳ありません。」と言われました。

解説

文部科学省「栄養教諭制度の概要」では、「食に関する指導と給食管理を一体のものとして行うことにより、地場産物を活用して給食と食に関する指導を実施するなど、教育上の高い相乗効果がもたらされる」とし、栄養教諭の職務を以下のように示している。

(1) 食に関する指導

　①肥満、偏食、食物アレルギーなどの児童生徒に対する個別指導を行う。

　②学級活動、教科、学校行事等の時間に、学級担任等と連携して、集団的な食に関する指導を行う。

　③他の教職員や家庭・地域と連携した食に関する指導を推進するための連絡・調整を行う。

(2) 学校給食の管理

　栄養管理、衛生管理、検食、物資管理等

ケースの栄養指導は (1) ②に関わるもので、3年生の学級が対象であった。通常、学級担任は、トイレは授業前の休憩時間に済ませておくよう指導して

いる。しかし、休憩時間にトイレに行けなかった児童や、体調の悪い児童などが授業中に「トイレに行きたい」と言うことは珍しいことではない。トイレに行かせたあなたの判断は正しい。ただし、授業規律が確立していない学級では、休憩時間に故意にトイレに行かなかったり、授業を抜ける目的で「トイレに行きたい」と言う児童もいるので、その見極めは大切である。ケースの場合は、授業に学級担任も立ち会っていたようであるが、栄養教諭が単独で授業をしていた場合、児童に授業を抜ける意図があるのかどうかはわからない。授業後学級担任にその様子を報告し、もしそのような意図があった場合、当該児童を呼び厳重に注意する。

学級に臨時に入り込んでの栄養指導では、45分間にかなりの量の指導内容が詰まっており、Sが教室に戻ってくるまで待つわけにはいかない。Sには、「Sくんが戻ってくるまで待っていると時間がなくなるから続けてもいいかな？ 聞けなかったところは、後で友だちに教えてもらってね。」と声をかけておくのがよい。

栄養教諭は、このケースのように栄養指導の授業を担当するが、毎日授業を行う学級担任に比べて授業時間数は圧倒的に少ない。授業の内容は栄養教諭が作るが、授業の展開の仕方、授業での話し方、児童の活動のさせ方など、校内で授業が上手いといわれる教員に教わりながら、児童の食への理解が深まるよう研修を積まなければならない。

基本認識・対応の原則・関連知識

- 栄養教諭の職務には、「食に関する指導」と「学校給食の管理」がある。
- 「トイレに行きたい」と言う申し出があった場合、トイレに行かせる。
- 授業を抜ける目的で「トイレに行きたい」と言ったのであれば、授業後に厳重注意をする。

引用文献・参考文献

- 文部科学省　栄養教諭制度の概要

ケース No.
114

児童生徒 × 危機

検食を見て、子どもが「俺にもちょうだい」と言ってきた

ケース

　あなたは小学校で栄養教諭をしています。その学校の6年生には、教室にじっとしておられず、廊下などで箒を振り回したりする複数の子どもがいます。その日も検食を校長室へ運んでいると、3人ほどが廊下で暴れていました。副担任の先生が対応していましたが、その内の一人Sが、「今日の給食、校長先生に食べてもらうんやろ。俺にもちょうだい。」と近づいてきました。

解説

　検食は、学校給食において重要な意味をもつ。小学校の場合、検食者は原則として校長である。学校給食衛生管理基準に、「検食は、学校給食調理場及び共同調理場の受配校において、あらかじめ責任者を定めて児童生徒の摂食開始時間の30分前までに行うこと。また、異常があった場合には、給食を中止するとともに、共同調理場の受配校においては、速やかに共同調理場に連絡すること」と記されているように、異常が見つかれば給食を中止することもある摂食是非の最終点検である。

　前後の状況から、ケースは授業中のことで、いわゆる学級崩壊した学級の児童であると考えられるが、どのような状況であれ、検食の妨害はいたずらでは済まされない。Sに対しては、「校長先生の検食は、とても大切な仕事です。今日の給食が実施できるかどうかを決めるものです。わかりますか。」などと対応する。それでも、「俺にもちょうだい。」と食い下がってきた場合、「検食ができなかったら、全校児童の今日の給食は中止になります。その責任はSくんあなたと、あなたのお父さんお母さんにとってもらうことになりますが、

この重大さがわかりますか。」と、一歩も引かずに毅然と対応する。

　ケースの状況から少し離れるが、学級崩壊は学校給食にかなりの危険を及ぼすことがある。通常、給食の配食時や給食中は、児童は学級担任の指導に従って動くことになるが、学級崩壊した学級では、この秩序が壊れている場合がある。「学校給食衛生管理基準」には、「調理及び配食に当たっては、せき、くしゃみ、髪の毛等が食器、食品等につかないよう専用で清潔な調理衣、エプロン、マスク、帽子、履物等を着用すること」と記されているが、学級担任にはこれらの指導に加えて、食中毒防止などの衛生面の留意、アレルギーがある児童への留意、火傷などの安全面の留意など、さまざまな留意が必要となる。そのような中、学級崩壊による秩序の崩壊はさまざまな危険を孕むことになる。このような学級には、複数教員による配食指導が必要になる。

基本認識・対応の原則・関連知識

- 小学校の場合、検食者は原則として校長である。
- 検食は、児童生徒の摂食開始時間の 30 分前までに行う。
- 検食の妨害はいたずらでは済まされない。
- 学級崩壊は、安全な給食実施に大切な影響を及ぼすものであり、複数教員による配食指導などが必要である。

引用文献・参考文献

- 国立教育政策研究所　平成 12 年 (2000)　学級経営研究会最終報告　いわゆる「学級崩壊」〜『学級経営の充実に関する調査研究』
- 文部科学省 (文部科学省告示第 64 号)　平成 21 年 (2009)　学校給食衛生管理基準　p.10　p.12
- 日本スポーツ振興センター学校安全部　平成 23 年 (2011)　学校給食衛生管理基準の解説－学校給食における食中毒防止の手引き－　pp.119-120　pp.134-137

115

子どもが、パンに何か黒いものが付いていると持ってきた

　あなたは小学校で栄養教諭をしています。ある日の給食中です。あなたが職員室にいると、給食室の調理員から、「４年１組の子どもが、パンに何か黒いものが付いていると持ってきた。」と連絡がありました。

解説

　給食用パンは、パン業者が早朝から焼いたものが納入される。「学校給食衛生管理基準」には、食品の検収について「検収は、あらかじめ定めた検収責任者が、食品の納入に立会し、品名、数量、納品時間、納入業者名、製造業者名及び所在地、（中略）について、毎日、点検を行い、記録すること」と記されている。また「学校給食衛生管理基準の解説」には、食品ごとの検収留意点が具体的に示されており、パンなどの加工品では、次の４点があげられている。

　①異臭、変色、ぬめり等がないか。　　②包装が破れていないか。

　③異物が混入していないか。　　　　　④大きさ、重さ、形はそろっているか。

　パンの納入時にはこの検収が行われており、その後各学級の人数分がパン箱に入れられ、配膳棚に置かれる。これを給食当番が学級まで運び、パンばさみで皿に入れ配食する。

　ケースの「何か黒いもの」は異物であるが、パンの検収時から混入していたものか、検収後配食までの段階で混入したのかは、児童の申し出の段階では特定することはできない。異物は、栄養教諭、校長、教頭や学級担任など複

数で視認する。異物が全児童の給食に混入している可能性がある場合、校長は給食の中止、献立の変更、調理済み食品の回収、食品の返品等必要な措置をとる。異物は、写真で記録した後、パン業者に戻し分析を依頼する。同時に、市教育委員会へ異物混入の報告文書を提出する。この学級の児童の保護者には、学級担任からこの経過を連絡する。

後日、パン業者は学校と市教育委員会へ分析の報告を行う。ケースの場合、「何か黒いもの」は、パンの焦げであった。金属片、木片、プラスチック片や虫などであった場合、パン業者は、「食品の製造能力が十分でない」ことから、給食納入業者の資格を失うことにもなりかねない。

パンなどの配食は、通常、給食当番の児童が行っている。児童には異物混入に対する認識が希薄な場合が多い。食品を運搬する場合は容器にふたをする、容器等の汚染に注意するなど、栄養教諭や学級担任からの異物混入防止についての丁寧な指導を行なう。

基本認識・対応の原則・関連知識

- 検収時、検収責任者が食品の納入に立会し、複数項目の点検を行う。
- 異物が全児童の給食に混入している可能性がある場合、校長等は給食の中止、献立の変更等必要な措置を講じる。
- 児童の保護者には、学級担任からこの経過を連絡する。
- 児童には異物混入に対する認識が希薄な場合が多いので、栄養教諭や学級担任からの異物混入防止についての指導を行なう。

引用文献・参考文献

- 文部科学省（文部科学省告示第 64 号）　平成 21 年（2009）　学校給食衛生管理基準　pp.6-7　p.14
- 日本スポーツ振興センター学校安全部　平成 23 年（2011）　学校給食衛生管理基準の解説－学校給食における食中毒防止の手引き－　pp.66-75　pp.152-153

116

デザートのヨーグルトに黒いプツプツが混じっている

ケース

　あなたは小学校で栄養教諭をしています。ある日あなたは、給食の検食を校長先生に出し、自分も職員室で食べていました。しばらくして校長先生から、「デザートのヨーグルトに黒いプツプツが混じっている。」と見せられました。自分が食べているヨーグルトにはありません。

解説

　業者から食品の納入を受けることを検収というが、検収については「学校給食衛生管理基準」で、「検収は、あらかじめ定めた検収責任者が、食品の納入に立会し、品名、数量、納品時間、納入業者名、製造業者名及び所在地、(中略)について、毎日、点検を行い、記録すること」と記されている。さらに、「学校給食衛生管理基準の解説」には食品ごとの検収留意点が示されており、ヨーグルトなどの加工品では、次の4点があげられている。

　①異臭、変色、ぬめり等がないか。　②包装が破れていないか。

　③異物が混入していないか。　④大きさ、重さ、形はそろっているか。

　また、「学校給食衛生管理基準」には「検食は、学校給食調理場及び共同調理場の受配校において、あらかじめ責任者を定めて児童生徒の摂食開始時間の30分前までに行うこと。また、異常があった場合には、給食を中止するとともに、共同調理場の受配校においては、速やかに共同調理場に連絡すること」と定められている。責任者とは、多くの場合校長である。さらに、「学校給食衛生管理基準の解説」には検食時の注意点として、次の5点があげられている。

①食品の中に人体に有害と思われる異物の混入がないか。

②調理過程において加熱・冷却処理が適切に行われているか。

③食品の異味、異臭、その他の異常がないか。

④一食分として、それぞれの食品の量が適切か。

⑤味付けや、香り、色彩、形態が適切になされているか。

ケースの場合、この「黒いプツプツ」は、栄養教諭、校長、教頭、学級担任など複数で視認し、写真で記録した後、市教育委員会へ異物混入の報告文書を提出する。ただ、通常ヨーグルトは、市教育委員会が物資選定委員会（市教育委員会の担当者、各学校の栄養教諭、各学校の給食担当教員で組織）で決定した業者に発注したもので、給食調理場で作られたものではない。そのため、「給食中止」の対象はこのヨーグルトだけと判断してよいであろう。

栄養教諭は、すぐに調理場に出向き、調理員に状況を説明するとともに配膳室カウンターに並べられているヨーグルトの撤去を指示する。配食開始のチャイム（通常は4時間目終了のチャイム）と同時に、「本日の給食には、献立表にあったヨーグルトは付きません。」と放送し、全教職員と全児童に周知する。

基本認識・対応の原則・関連知識

- 学校給食の検食は、児童生徒の摂食開始時間の30分前までに行う。
- 学校給食の検食で異常を発見したときは、給食を中止する。

引用文献・参考文献

- 文部科学省（文部科学省告示第64号）　平成21年（2009）　学校給食衛生管理基準　p.6　p.10
- 日本スポーツ振興センター学校安全部　平成23年（2011）　学校給食衛生管理基準の解説－学校給食における食中毒防止の手引き－　pp.66-75　pp.119-120

給食試食会で使用した保護者への給食説明用の掲示物が破られていた

あなたは小学校で栄養教諭をしています。その小学校では、給食参観、給食試食会という主に1年生の保護者向けの行事があります。その当日は、給食説明のための掲示物を試食会場とその廊下に掲示し、校長先生も参加する中、給食の試食と説明を無事終えました。試食会場の隣は4年3組の教室でしたので、その学級の子どもたちに、「廊下に給食の掲示物が貼ってあるので注意して遊んでね。」と伝えました。その後校長室でPTA役員にお礼を述べ、試食会場を片付けに行くと、一枚の掲示物が大きく破られていました。

解説

給食試食会とは、保護者に児童の給食準備、食事風景、後片付けを参観してもらい、その後、児童が普段食べている給食を試食してもらうというもので、保護者に学校給食への理解を深めてもらうことを目的としている。

ケースでは、給食試食会は無事終わったが、そこで用いた掲示物が破られた。ケースの状況から、試食会場隣の4年生児童が誤って、あるいは故意に掲示物を破った可能性が高い。破られた時間は、給食試食会終了時から、あなたが給食試食会会場に戻った時までの間である。

このようなケース発生時には、すぐに学級担任と協力しながら「誰が」を突き止めなければならない。4年3組の児童全員を教室に入れ、学級担任が現物を見せながら「廊下に貼ってあった給食の掲示物が破れていました。これは1年生のお父さん、お母さん向けに給食を説明するための大切な掲示物で

す。自分が間違って破ってしまったという人、掲示物の近くで遊んでいる人を見たという人、休み時間に先生のところに正直に言いに来てください。」などと話し、本人の申し出を待つ。申し出がなければ、この時間帯に廊下に出ていた児童一人ひとりから聴き取り調査をすることになる。最終的に、破った児童がわからなかった場合でも、学級担任はいつまでも調査を継続する。これが同様の行動の抑止となる。

　生徒指導（生活指導）では、「子どもを頭から疑うのは良くない」という考え方もある。しかし、匿名性を傘にきた児童の問題行動を放置してはならない。また、解決を諦めてはならない。曖昧なまま指導を終えると、同様のケースが再発する。

基本認識・対応の原則・関連知識

- 給食試食会は、保護者に学校給食への理解を深めていただくことを目的としている。
- 学級担任と協力しながら「誰が」を突き止める。
- 曖昧なまま指導を終えると、同様のケースが再発する。

ケース No. 118

児童生徒 × 省察

給食を独り占めする子どもがいる

ケース

あなたは小学校で栄養教諭をしています。あなたは、少々荒れている6年2組が気になっています。一人の男子児童Fが、給食の大おかずや小おかずを誰よりも大盛りにし、デザートなどは欠席者分や他の児童から貰ったという分を独り占めしているのです。担任の先生は、「Fくん、それはおかしいでしょ。」と指導しているのですが、Fは「うるさい。」と言って、これを無視します。

解説

学級崩壊という言葉がある。国立教育政策研究所では「子どもたちが教室内で勝手な行動をして教師の指導に従わず、授業が成立しないなど、集団教育という学校の機能が成立しない学級の状態が一定期間継続し、学級担任による通常の方法では問題解決ができない状態に立ち至っている場合」と定義している。ケースのFの言動から、6年2組はそのような状態の学級と考えることができる。

栄養教諭としては、すぐに学級担任の承諾をとり、学級担任とは別の切り口からFやその周辺の児童の指導を行う。ある栄養教諭と児童との会話を示す。

栄養教諭「あれ〜？みんなデザート好きじゃなかったの？（とぼけるように）」

児童A　「僕、このデザート嫌いだからFに食べてもらうねん。」

栄養教諭「Aくん、そんな無理して・・・。調理員さんは、給食を全部

254

食べたら今日のお昼の栄養が採れるように一生懸命作ってくだ
さってるのに、残念やね〜。Ｆくん、調理員さんにどう言うの？
説明できる？」

児童Ａ　「・・・(無言)」

児童Ｆ　「・・・(無言)」

栄養教諭「(毅然として)そんな力関係は、通用しないよ！」

　「学校給食実施基準」により、給食の献立は、その年齢の児童生徒に見合っ
た栄養内容を満たすよう考えられている。そのため、原則的には全児童が一
食分を食べなければならない。それを「調理員さん」を主語に話したものであ
る。このように栄養教諭は、高学年の児童指導時には「やんわり」と「厳しく」
を使い分けるなど、児童生徒の年齢に応じて指導する方法、講話をする技術
を身につけなければならない。

基本認識・対応の原則・関連知識

- 栄養教諭は、学級担任とは別の切り口からＦやその周辺の児童の指導を
行う。
- 栄養教諭は、児童生徒の年齢に応じて指導する方法、講話をする技術を
身につけなければならない。

引用文献・参考文献

- 国立教育政策研究所　平成12年(2000)　学級経営研究会最終報告　いわゆる「学級
崩壊」〜『学級経営の充実に関する調査研究』
- 文部科学省(文部科学省告示第162号)　平成30年(2018)　学校給食実施基準　第4
条(学校給食に供する食物の栄養内容)
- 文部科学省(文部科学省告示第162号)　平成30年(2018)　学校給食実施基準　別表
(第4条関係)児童又は生徒一人一回当たりの学校給食摂取基準

子どもたちの配食や喫食がたいへん雑な学校へ転勤した

ケース

　あなたは、小学校で栄養教諭をして8年目です。4月に新しい小学校へ異動しましたが、そこでの給食の様子に驚きました。給食調理員は食材の検収、調理作業に細心の注意を払っているのに、子どもたちの配食や喫食がたいへん雑なのです。大きな声で話しながら給食を運んだり、食器や食缶を雑に教室の配膳台に置いている子どももいます。給食喫食中は、席を立ち歩き回っている子どもがいる学級もあります。個々の担任の先生が指導していないというより、学校全体として給食の目的や食中毒、アレルギーへの認識が低いように感じました。

解説

　学校給食では、食材の発注や検収、調理は栄養教諭や給食調理員という大人が行い、配食と喫食は学級担任の指導の下ではあるが児童が行う。この両者間の食の安全についての認識に、大きな差があることがある。

　「学校給食衛生管理基準」には、学校給食従事者の衛生管理が以下のように定められている。

　①学校給食従事者は、身体、衣服を清潔に保つこと。

　②調理および配食に当たっては、せき、くしゃみ、髪の毛等が食器、食品等につかないよう専用で清潔な調理衣、エプロン、マスク、帽子、履物等を着用すること。

　③作業区域用の調理衣等及び履物を着用したまま便所に入らないこと。

　④作業開始前、用便後、汚染作業区域から非汚染作業区域に移動する前、

食品に直接触れる作業の開始直前及び生の食肉類、魚介類、卵、調理前の野菜類等に触れ、他の食品及び器具等に触れる前に、手指の洗浄及び消毒を行うこと。

「学校全体として給食の目的や食中毒、アレルギーへの認識が低い」ということから、栄養教諭や給食調理員には当然である「学校給食衛生管理基準」についての認識が、他の教員には希薄であることが推察される。実際に、一般の教員が食の安全についての知識を得る機会は少ない。栄養教諭が講師となり、食育と「学校給食衛生管理基準」が定める食の安全について、教員研修を行う必要がある。また、栄養教諭や学級担任から児童へは、「調理員さんの仕事」「アレルギーと食中毒」「給食をおいしく食べるには」などと題する食の指導を行う必要がある。これら教員研修や児童への指導は毎年定期的に行ない、学校全体の認識の向上を図る。

基本認識・対応の原則・関連知識

- 学校給食では、栄養教諭や給食調理員と児童間の、食の安全についての認識に大きな差があることがある。
- 「学校給食衛生管理基準」には、学校給食従事者の衛生管理が定められている。
- 児童に対し、栄養教諭や学級担任から「学校給食衛生管理基準」を踏まえた食の指導を行う。
- 食の安全についての教員研修、児童への食の指導を、毎年定期的に行う。

引用文献・参考文献

- 文部科学省（文部科学省告示第64号）　平成21年（2009）　学校給食衛生管理基準　p.12
- 日本スポーツ振興センター学校安全部　平成23年（2011）　学校給食衛生管理基準の解説－学校給食における食中毒防止の手引き－　pp.134-137

ケース No.
120

アレルギー児童用の給食がまちがって配食された

ケース

　あなたは小学校で栄養教諭をしています。児童数は約600人、アレルギーのある子どもは、各学級に2人から3人います。アレルギーの原因となる食材は、卵、小麦、えび、いか、ごま、牛肉、牛乳などさまざまです。これらの子どもたちにできる限り給食を食べてもらうため、栄養教諭、学級担任、調理員が連携し、それぞれの子どもへの対応を記したプリントを保護者に配布しています。4年1組には該当の子どもが3人います。ある日の配食時、調理員は個別に調理した給食を名札付きの専用容器に入れ、給食当番を引率している担任のT先生に手渡ししました。教室でT先生は、これらの容器を該当児童に配食するよう給食当番の児童に指示しましたが、2人目と3人目の容器が入れ替わるというまちがいが発生しました。

解説

　児童に生じる食物アレルギーによる健康障害の程度は、湿疹が出るといった軽度のものから生命に関わる重篤なものまで多種多様である。新聞などでも、学校給食によるアレルギー事故が報道されることがある。学校の全教職員は決して油断してはならない。

　独立行政法人日本スポーツ振興センターは、「学校管理下における食物アレルギーへの対応　調査研究報告書」の中で、学校給食の食材納入から児童の口に入るまでの流れを次のようにあげている。

　①献立作成　②献立表作成　③発注・検収　④調理作業
　⑤配食　　　⑥学級での配膳　⑦給食喫食　　⑧片付け

本ケースは、⑥学級での配膳に関わるものである。教室での配食時、学級担任は「これらの容器を該当児童に配食するよう給食当番の児童に指示しました」ということであり、ここに油断が生じている。除去食や代替食を提供している場合、学級担任が学年、組、名前等の表示を確認して配食しなければならない。

　ケースでは、児童本人が専用容器の名札が違うことに気付き、誤配食は防げたが、重大事故につながる可能性がある。給食の配食時は、学級担任もさまざまな児童の動きに配意しなければならず、たいへん忙しいのであるが、除去食や代替食は学級担任が細心の注意を払い、間違いなく当該児童に配食しなければならない。

　多くの学校では、児童の最大限の給食摂食のため、さまざまな工夫を行っている。しかし、児童数、給食調理場の形態、給食調理員の人数、アレルギーのある児童の状態などにより、対応できる人数には限りがある。栄養教諭、学級担任、調理員は連携し、児童一人ひとりの除去食、代替食の対応ができるか否かを判断する。対応できない場合は、弁当持参となる。

基本認識・対応の原則・関連知識

- 児童に生じる食物アレルギーによる健康障害の程度は多種多様である。学校の全教職員は決して油断してはならない。
- 個別に調理された除去食や代替食は、学級担任の手で当該児童に配食する。
- 栄養教諭、学級担任、調理員は連携し、児童一人ひとりの除去食、代替食の対応ができるか否かを判断する。

引用文献・参考文献

- 日本スポーツ振興センター学校災害防止調査研究委員会第二部会　平成23年（2011）学校管理下における食物アレルギーへの対応　調査研究報告書　pp.17-20

同僚上司 × 省察

私の案に反対したのに、後日それを自案のように提案する先生がいる

あなたは小学校で栄養教諭をしています。その市では、栄養指導の研修や推進のために市立小学校の全栄養教諭が集まる会議が、月に数回行われていました。その会議で、ある議題に対して、あなたは先進的な提案をしました。しかし、A栄養教諭がその提案に全面的に反対し、結局全員の意見がまとまらず、その日の会議は終了しました。A栄養教諭は、この会議の中の年長者でした。ところが、次の会議の日、A栄養教諭はあなたの出した案と同じ案を、自分の案のように提案したのです。これには、他のメンバーも苦笑いしていましたが、誰も何も言いません。A栄養教諭も知らん顔です。

栄養教諭を対象にした研修や、市の栄養指導推進のための会議は定期的に開かれる。栄養教諭は原則的に学校に一人配置であるため、勤務校に同職の同僚がいない。このような研修や会議は、自分の疑問点を先輩に相談したり、他校の状況を知る数少ない機会である。

ケースで、A栄養教諭の本心は何であろうか。あなたの提案に、深く考えることなく反対したとも考えられるし、提案の内容よりもあなた自身に感情的に反対していたのかもしれない。さらに、次の会議でA栄養教諭自身がその案を提案したというのも、たいへん不可解な行動である。「他のメンバーも苦笑い」「誰も何もいいません」ということなので、A栄養教諭のこのような行動は、今回が初めてではないようである。

あなたとしては、「それは、前回私が提案したものとよく似ています。そのときに賛成してくださったらよかったのに・・・。」などと軽く受け流し、次に進めるのが得策であろう。あなたは感情的に治まらないものがあるかもしれないが、他のメンバーの様子から、あなたの気持ちや状況は周囲に理解されていると考えられる。

　A栄養教諭はこの会議メンバーの中の年長者であったことから、会議での主導権や決定権をもちたかったのではないかと推察できる。そのため、あなたの意見をよい意見だと思っても、それを認めたくなかったのであろう。栄養教諭の会議に限らず、会議では、正しい提案、優れた提案が常に支持を得られるとは限らない。このケースからは、感情を抑え、粘り強く、時間を味方にして、自分の提案を進める方法を学ぶことができる。

基本認識・対応の原則・関連知識

- 会議では、正しい提案、優れた提案が常に支持を得られるとは限らない。
- 感情を抑え、粘り強く、時間を味方にして、自分の提案を進める方法を学ぶ。

栄養教諭編

献立作成委員会で原案提案者の栄養教諭がいつも遅刻して来る

ケース

　あなたは小学校で栄養教諭をしています。その市では、毎月、全市立学校の栄養教諭が集まり、一ヶ月の給食の献立作成委員会を行っています。月ごとに当番の栄養教諭が原案を提案し、全員で検討するのですが、B栄養教諭は提案者のとき、時間通りに来たことがありません。「原案作成が遅れて、今印刷中・・・。」「学校でトラブルがあって・・・。」とかで、ひどいときには1時間以上遅れてきます。今日もB栄養教諭が提案者なのですが、委員会開始時間になっても姿が見えません。連絡もありません。他の人は、忙しい時間を割いて来ているのです。

解説

　ケースの文脈からこの市では、献立作成委員会で全市立小学校の統一献立（複数の学校で共通して使用する献立）を作成していることがわかる。学校給食の役割は、第一に成長期にある児童生徒の心身の健全な発達のために、十分な衛生管理のもと、バランスのとれた魅力ある美味しい食事を提供すること、第二に地場産物や郷土食等を提供することを通して地域に寄せる心を育む等食育に資することがある。さらにこの献立作成について、「学校給食衛生管理基準」では「（献立作成には）献立作成委員会を設ける等により、栄養教諭等、保護者その他の関係者の意見を尊重すること」とされており、この委員会は、全市立小学校の統一献立を作成する重要な委員会と位置付けることができる。

原案を提案する役割にあるB栄養教諭が委員会に遅刻しているということは、他の栄養教諭にはB栄養教諭を待つという空白の時間が生じている。B栄養教諭がどんなにすばらしい原案を用意していたとしても、残念ながら社会人としては失格である。同じことが続けば、効率や時間を重視する職場では更迭ということになるだろう。しかし、学校に一人しかいない栄養教諭では、通常そのようなペナルティはない。

　献立作成委員会には、通常はB栄養教諭を叱責する立場の人はいない。しかし、この委員会を主催する立場の人（市教育委員会の担当者など）から、「ここに集まっている人全員があなたの到着を待っていました。次回の原案提案時は、必ず定刻に来てください。それができないのであれば、残念ですが原案提案者から外れていただくことになります。」と伝える必要がある。さらに、その後改善が見られなければ、原案提案者から外すと同時に、B栄養教諭の勤務校校長に顛末を報告することになる。

　「会議に遅刻をしない。突発的な事故等でやむなく遅刻するときは連絡を入れ、何分後に到着するかを伝える。」などは、社会人としての常識である。

基本認識・対応の原則・関連知識

- 学校給食の役割は、第一に児童生徒の心身の健全な発達のために、バランスのとれた美味しい食事を提供すること、第二に地場産物や郷土食等を提供することを通して地域に寄せる心を育むことである。
- 会議に遅刻をしない、やむなく遅刻するときは何分後に到着するかを伝えるなどは社会人としての常識である。

引用文献・参考文献

- 文部科学省（文部科学省告示第64号）　平成21年（2009）　学校給食衛生管理基準 p.5
- 日本スポーツ振興センター学校安全部　平成23年（2011）　学校給食衛生管理基準の解説－学校給食における食中毒防止の手引き－　pp.56-58

ケース No.
123

給食の配食中、担任の先生が教卓でテスト採点をしていた

　あなたは小学校で栄養教諭をしています。ある日の給食の配食時間、児童のようすを見るために廊下を歩いていると、2年2組担任のK先生が教卓でテストの採点をしていました。一方児童は、協力し合いながらてきぱきと配食をしています。

　給食の配食時間、学級担任は「食物アレルギーがある児童の安全に配慮して」「火傷などの事故未然防止のため」あるいは「一人ひとりの児童の食事量の加減のため」、配食を手伝いながら児童の動きに注意を払わなければならない。多くの学校では毎年、年度初めの職員会議等で配食中の学級担任の留意事項について栄養教諭から説明がある。

　ケースの場合、K先生は配食を児童に任せていた。児童が協力しながら配食していることから、その指導は的確なようであるが、児童の安全面や健康面を考えると、K先生の行動には問題がある。

　食物アレルギーとは、アレルゲン（アレルギー症状を引き起こす原因となるもの）となる特定の食材を当該児童が摂取したり、食材の飛沫が当該児童に付着して起るアレルギー反応である。学校給食との関係では、年度当初、栄養教諭、学級担任、給食調理員、当該児童の保護者が協議を行い、除去食（アレルゲンを除去した食事）や代替食（アレルゲンを含む食事に替わる食事）を提供する、あるいは給食の摂食を止めて弁当を持参するなどの対応を決めて

いる。除去食や代替食を提供する場合には、誤配食が起らないよう対象児童の専用食器を準備する。調理員は、調理中にコンタミネーション（意図せずアレルゲンが混入すること）が起らないよう細心の注意を払っている。どの程度の除去食、代替食を提供できるのかは、児童数、給食調理員の人数、給食調理場の形態などにより異なる。一方学級では、食物アレルギーがある児童生徒がアレルゲンと接触しないよう、配慮した喫食形態をとる必要がある。

　ケースのK先生がこれらのことをどこまで認識しており、児童にどのように指導していたかは不明であるが、少なくとも学級担任は児童の指導に専念できる状態でなければならない。次日の職員打ち合わせの時に、K先生を名指しすることなく「学級担任の対応」を伝えるなどの方法が考えられる。

基本認識・対応の原則・関連知識

- 給食の配食時間、学級担任は食物アレルギー、火傷などの事故、児童の食事量の加減のため、配食を手伝いながら児童の動きに注意を払わなければならない。
- 食物アレルギーがある児童の学校給食では、年度当初関係者が協議し、除去食や代替食の提供、弁当持参を決めている。
- 除去食や代替食の提供では、誤配食が起らないよう対象児童の専用食器を準備する。
- どの程度の除去食、代替食を提供できるのかは、学校により異なる。
- 配食中の学級担任は、児童の指導に専念できる状態でなければならない。

引用文献・参考文献

- 日本スポーツ振興センター学校災害防止調査研究委員会第二部会　平成23年（2011）学校管理下における食物アレルギーへの対応　調査研究報告書　pp.17-20

子どもが、食べられないおかずを勝手に食缶に戻している

あなたは小学校で栄養教諭をしています。ある日給食を食べている子どもたちの様子を見ようと、「いただきます。」と挨拶をしている4年生の学級に入りました。その挨拶と同時に、苦手なおかずがある子どもたちは席を立ち、それぞれ食べられない分を勝手に食缶に戻しています。担任の先生はそれに気を留めず、給食を食べています。

給食の献立は、その年齢の児童に見合った栄養内容を満たすよう考えられている。「学校給食実施基準」別表によると、4年生の場合、8歳〜9歳では650kcal、10歳〜11歳では780kcalで、たんぱく質や脂質などの区分ごとに摂取量の基準が定められている。一方、児童には偏食（摂取する栄養素に偏りがある食事の状態で、一般的には「好き嫌い」という）があることがある。また、家庭自体に偏食があり、児童にとっては食べたことがない食材が給食に出ているということもある。

このような状況で、「給食に出たものは全部食べなさい。」という一点張りの指導は、現実的ではない。学級担任は、一人ひとりの児童に、なぜ食べられないのか、なぜ食べたくないのかを聞き、同時に「一口だけは食べてみよう。」などと励ましながら、偏食が改善するよう指導しなければならないのである。しかし、ケースの児童の行動から、そこには学級担任の偏食改善の指導はなく、おかずを勝手に食缶に戻している児童を黙認しており、ここに大

きな問題がある。この状況では、児童が当該給食を食べられないのか、食べたくないのかもわからない。児童が一度口にした給食を戻している可能性もあるので、食缶に戻された給食は再配分することもできず、残菜として廃棄されることになる。

学校給食法第10条（学校給食を活用した食に関する指導）には、児童又は生徒が健全な食生活を自ら営むことができる知識及び態度を養うための栄養教諭の指導として、次の3点があげられている。

①学校給食において摂取する食品と健康の保持増進との関連性についての指導
②食に関して特別の配慮を必要とする児童又は生徒に対する個別的な指導
③学校給食を活用した食に関する実践的な指導

栄養教諭としては、この①を根拠に、学級担任立ち会いのもと、児童の健全な食生活をテーマとする授業を実施する。栄養教諭という立場からは、学級担任に直接改善を助言することもできるが、児童を指導するという形で学級担任の認識を改めてもらうという方法が穏便であろう。

基本認識・対応の原則・関連知識

- 給食の献立は、その年齢の児童生徒に見合った栄養内容を満たすよう考えられている。
- 児童には偏食があり、家庭自体に偏食がある場合がある。
- 学級担任は、一人ひとりの児童の偏食が改善するよう指導しなければならない。

引用文献・参考文献

- 学校給食法第10条（学校給食を活用した食に関する指導）
- 文部科学省（文部科学省告示第162号）　平成30年（2018）　学校給食実施基準　第4条（学校給食に供する食物の栄養内容）
- 文部科学省（文部科学省告示第162号）　平成30年（2018）　学校給食実施基準　別表（第4条関係）児童又は生徒一人一回当たりの学校給食摂取基準

ケース No.
125

1年生の給食に出たチーズを半数以上の子どもが残している

ケース

　あなたは小学校で栄養教諭をしています。ある日の給食時間の終わり頃、給食の様子を見て回っていると、1年2組の配膳台の上にスティックチーズが20本ほど置かれていました。その学級の児童数は32人です。担任のK教諭に「これはどうしたのですか？」と聞くと、「この子たち、食べないの〜。」という返答でした。

解説

　学校給食の献立は、常に食品の組み合わせや調理方法の改善が図られ、児童生徒の嗜好の偏りをなくすよう、さらに家庭における日常の食生活の指標になるよう配慮されている。一方、「学校給食実施基準」第4条（学校給食に供する食物の栄養内容）及び別表（第4条関係）には、児童生徒一人一回当たりの所要栄養量が示されており、1年生（6歳〜7歳）では530kcalとなっている。これは、一日の必要量の33％であり、この日の給食で出されたチーズは、この一部を担うものである。

　K教諭によると、「家でチーズを食べたことのない子どもが多いようで、一人、二人と『食べるとむかむかする。』と言って、チーズを返しに来ました。連鎖反応のようなものもあったかもしれません。無理強いはよくないと考え、そのまま残させました。」ということであった。とくに小学校1年生では、給食に出た食材を食べるのは生まれて初めてという児童も多く、このケースはそのような状況であったと考えられる。

本ケースのような場合、学級担任は、たとえば「チーズには、みなさんが大きくなるために必要な栄養がたくさん含まれています。少しずつ（4分の1程度から）食べるようにしましょう。」と指導しなければならない。「チーズは大人の味です。みなさんも少し大人になってみませんか。」や、「みなさんのお兄さんやお姉さんの学級では、チーズは大人気で、取り合いになります。」「みなさんのお父さん、お母さんもチーズが大好きで、毎日食べているお家もあるのですよ。」と言った途端、児童が競って食べ始めたという指導例もある。

　なお、給食に出された食物は、その時間内に食するのが原則である。持って帰らせた場合、食するまでの時間がわからず品質が保たれる保証がない。余談であるが、余った給食や食材を事後に教職員が食べたり、教職員が持ち帰るということはあってはならない。「勿体ない」とは別の次元の判断が必要である。

基本認識・対応の原則・関連知識

- 学校給食の献立は、児童生徒の嗜好の偏りをなくすよう、さらに家庭における食生活の指標になるよう配慮されている。
- 学校給食の献立は、その年齢の児童生徒に見合った栄養内容を満たすよう考えられている。
- 小学校1年生では、給食に出た食材を食べるのは生まれて初めてという児童がいる。

引用文献・参考文献

- 文部科学省（21文科ス第6007号）　平成21年（2009）　学校給食実施基準の施行について
- 文部科学省（文部科学省告示第162号）　平成30年（2018）　学校給食実施基準　第4条（学校給食に供する食物の栄養内容）
- 文部科学省（文部科学省告示第162号）　平成30年（2018）　学校給食実施基準　別表（第4条関係）児童又は生徒一人一回当たりの学校給食摂取基準

ケースNo. 126

担任の先生がおかずの食器に嘔吐物を入れてもってきた

ケース

あなたは小学校で栄養教諭をしています。給食が終わり、各学級からの食器返却が済んだとき、2年生の担任の先生が、「子どもがムカムカすると言って、吐いてしまいました。」と、おかずの食器に嘔吐物を入れてもってきました。

解説

児童生徒が嘔吐した場合、ノロウィルスやロタウィルスによる感染症の可能性がある。これらの感染症は、食品を介して感染するだけでなく、乾燥した嘔吐物からウィルスが飛散し、直接人の口から取り込まれ感染する可能性もある。このような感染を防止するため、「学校給食衛生管理基準」には、「教職員は、児童生徒の嘔吐物のため汚れた食器具の消毒を行うなど衛生的に処理し、調理室に返却するに当たっては、その旨を明示し、その食器を返却すること。また、嘔吐物は、調理室には返却しないこと」とあり、さらに「学校給食衛生管理基準の解説」には「児童生徒の嘔吐物のため汚れた食器には、ノロウィルス等が大量に付着している可能性が高いため、その取り扱いには注意します」とあり、その具体的手順として以下の3点が示されている。

①嘔吐物等は、適正に処理すること。

②嘔吐物で汚れた食器具は、次亜塩素酸ナトリウム溶液で消毒等を行った後、調理室等へ返却の際は、その旨を明示して返却すること。

③嘔吐物は、調理室に持ち込まないこと。

嘔吐物の適正な処理について、学校では、児童生徒が嘔吐した場合、嘔吐

物処理セットを用いて処理する。処理セットがすぐに見つからない場合は、ゴム手袋を着用し、キッチンハイター（花王株式会社）などの塩素系薬剤で消毒しながら処理する。ノロウィルス、ロタウィルスはアルコールでは死滅しない。処理した嘔吐物はビニール袋に密閉し、確実に焼却処分する。また、感染防止の観点から、決して児童生徒に処理を手伝わせてはならない。

　食器具の消毒については、「学校給食における食中毒防止Ｑ＆Ａ」に、食器具を「次亜塩素酸ナトリウム水溶液 (200ppm) に食器を浸け置き、5〜10分放置」その後「食器を取り出し洗浄」と具体的な手順が示されている。もし、このような作業ができない場合、食器をビニール袋に入れ廃棄処分にする。この後、教頭や養護教諭と連絡をとり、万一の事態に備えることになる。

第3章　栄養教諭編

基本認識・対応の原則・関連知識

- 児童が嘔吐した場合、ノロウィルスやロタウィルスによる感染症の可能性がある。
- 嘔吐物で汚れた食器具は衛生的に処理し、調理室に返却時にはその旨を明示する。
- 嘔吐物は、調理室に返却してはならない。
- 嘔吐物は嘔吐物処理セットを用いて処理する。
- 嘔吐物の処理は、決して児童生徒に手伝わせてはならない。

引用文献・参考文献

- 文部科学省（文部科学省告示第 64 号）　平成 21 年 (2009)　学校給食衛生管理基準　pp.9-10
- 日本スポーツ振興センター学校安全部　平成 23 年 (2011)　学校給食衛生管理基準の解説－学校給食における食中毒防止の手引き－　pp.114-118
- 日本スポーツ振興センター学校安全部　平成 21 年 (2009)　学校給食における食中毒防止Ｑ＆Ａ　pp.55-56

127

給食の味付けが、前任校に比べて濃い

あなたは小学校で栄養教諭として勤務して7年目です。4月に新しい小学校へ異動しましたが、そこで感じたことがありました。給食全体の味付けが、前任校に比べて濃いのです。市として定められた調味料の量はありますが、調理員がそれに塩や醤油を足しているようです。

解説

どのような仕事においても、新しい部署に異動したとき、「おや?」と思うことがある。自分がそれまで疑うことなく行ってきた行動や、当たり前だと思ってきたことと異なる状況に気づいたときである。そのようなときには、一度立ち止まり、今までの自分と今の状況のどちらが新しい環境に適正なのか、冷静に考える必要がある。

学校給食の味付けについては、市教育委員会の献立作成委員会(各学校の栄養教諭などで構成する会で、給食の献立作成や開発を行う)で塩や醤油の量を定めている。外食産業の味付けが濃い傾向にあるのに対して、学校給食は薄味の傾向にあるが、現実的には給食調理員の舌次第という部分もある。

学校給食の調理員は、いつも「子どもたちにおいしい給食を」という高い意識をもち、調理を行っている。長い経験をもつ調理員もいる。その味付けに対して、転勤間もない栄養教諭が否定的なことを言うと、栄養教諭と調理員の協働体制に亀裂を生じかねない。少し時間をかけ、おいしいと感じたとき、あるいは味が濃すぎる(薄すぎる)と感じたときは、素直にその気持ちを伝えることができるような人間関係を築きたいものである。本来の味付けになっ

たとき、濃い味に慣れた児童の中には、給食が水くさいと評する者がいるか
もしれない。保護者に対しては給食試食会や給食便りを通して、「本校給食
の味付けで留意していること」などを説明するのもよい。

基本認識・対応の原則・関連知識

- 学校給食は薄味の傾向にあるが、現実的には給食調理員の舌次第という
  部分もある。
- 学校給食の調理員は、「子どもたちにおいしい給食を」という意識をもち、
  調理を行っている。
- 保護者に対しては給食試食会や給食便りを通して、「本校給食の味付け
  で留意していること」などを説明する。

ケース No.
128

何らかのミスで、給食の主食のパンが納入されない

ケース

　あなたは小学校で栄養教諭をしています。その市の小学校の給食は、パンが主食の日が週2日、米飯が主食の日が週3日です。パンは指定業者からの納入、米飯は学校の給食調理場で炊いています。学校行事の都合でパンと米飯を入れ替えたりすることがありますが、これらは前月にパン業者に連絡しています。ある日の午前10時40分頃、職員室にいたあなたに調理室から「パンが届いていない。業者に問い合わせてほしい。」と連絡がありました。早速業者に電話すると、「今日は米飯ときいており、パンは焼いていない。」とのことです。

解説

　あなたとパン業者の間で、発注ミスがあったと考えられるが、その原因究明は後に置き、2時間後の給食主食をどうするかを考える。小学校では、保護者に連絡なしで、給食を食べさせず下校ということはできない。児童帰宅後の家庭では昼食が用意されていないことや、保護者が留守のこともあるからである。パン業者は「パンは焼いていない」とのことで、パンを焼くには、材料をこねる、発酵させる、焼くという一連の工程があるので、これからではとても間に合わない。パンの納入は不可能である。

　これらを前提に対応策を考える。対応策は、校長、教頭を交えて考えるが、「校長先生、どうしましょう？」ではなく、栄養教諭から対応策を提案する。対応の一例として、給食室倉庫には通常在庫の米（次回の米飯給食の時の米）があり、それを臨時に炊くことが考えられる。調理員に、今からご飯を炊く

274

となると、どのくらいの時間が必要かを聞き、全学級の配食開始をその時間に合わせることにする。教務主任には、給食時間前後の日課の臨時変更（例えば、4時間目授業・給食・休憩・清掃となっている日課を、4時間目授業・清掃・給食・休憩に変更するなど）を依頼する。3時間目終了後、臨時の職員打ち合わせを行い、給食遅延の原因と日課の変更を連絡する。同時に教頭は、給食主食のパンから米飯への変更を保護者に伝える連絡文書を作成し、児童の下校までに全児童に配布する。

　ケースの場合、別の小学校が学校行事の関係でパンを米飯に変更したが、業者があなたの学校でも変更があると勘違いしたことが原因であった。市教育委員会への顛末の報告、次日以降のパン業者への納入指示も遺漏なく行う。

基本認識・対応の原則・関連知識

- 小学校では保護者に連絡なしで、給食を食べさせず下校ということはできない。
- 校長、教頭を交えて対応策を考えるが、栄養教諭から対応策を提案する。
- 給食室倉庫には通常在庫の米があり、それを臨時に炊く。
- 臨時の職員打ち合わせを行い、各担当から給食遅延の原因と日課の変更を連絡する。
- 給食主食の変更を保護者に伝える連絡文書を作成し、児童の下校までに全児童に配布する。

ケースNo. 129

調理中、「多くのジャガイモが傷んでいる」と連絡があった

ケース

　あなたは小学校で栄養教諭をしています。ある日、調理員がカレー用の食材の下処理をしていました。下処理は、ニンジンの処理、タマネギの処理、ジャガイモの処理の順に進めています。あなたもこの作業を手伝っていましたが、一人の調理員から「今日は多くのジャガイモは傷んでいて、それを捨てると子どもたちが食べる量が少なくなる。」と連絡を受けました。

解説

　学校の調理場や共同調理場で、業者から食品を受け取ることを検収といい、検収責任者(栄養教諭または調理員)が定められている。「学校給食衛生管理基準」には「検収は、あらかじめ定めた検収責任者が、食品の納入に立会し、品名、数量、納品時間、納入業者名、製造業者名及び所在地、(中略)について、毎日、点検を行い、記録すること」と定められている。また「学校給食衛生管理基準の解説」には、食品ごとの検収留意点が具体的に示されており、野菜・果物類では、次の5点があげられている。

　①鮮度は良いか。　　　②病害痕、くされはないか。

　③変色、異臭がないか。　④異物(虫、金属類、藁等)が混入していないか。

　⑤原産地表示はあるか。

　下処理とは、野菜などの調理の最初の作業で、洗う、皮を剥く、再び洗う、の処理のことをいう。ここで発見されたジャガイモの傷みが検収時からあったものか、その後の保管で生じたものかはケースからは判断できない。

ジャガイモの傷んだ部分を廃棄すると、「学校給食実施基準」別表に定められた、児童又は生徒一人一回当たりの学校給食摂取基準を満たさない可能性がある。栄養教諭はすぐに業者に連絡し、不足分の納入を依頼する。また、業者にジャガイモのストックがない場合には、玉ねぎなどの代替品の納入を依頼する。

学校給食法第2条(学校給食の目標)には、その目標の一つとして、「適切な栄養の摂取による健康の保持増進を図ること」が示されている。栄養教諭は、この目標を実現しなければならない。その後の対応として、調理員や業者を交えて原因を究明すること、検収の精度をあげること、保管期間や保管場所の再検討を行うことなどが求められる。

基本認識・対応の原則・関連知識

- 検収時、検収責任者が食品の納入に立会い、複数項目の点検を行う。
- ジャガイモの傷んだ部分を廃棄すると、児童の学校給食摂取基準を満たさない可能性がある。
- すぐに業者に連絡し、不足分の納入を依頼する。

引用文献・参考文献

- 学校給食法第2条(学校給食の目標)
- 文部科学省(文部科学省告示第64号) 平成21年(2009) 学校給食衛生管理基準 p.6
- 日本スポーツ振興センター学校安全部 平成23年(2011) 学校給食衛生管理基準の解説－学校給食における食中毒防止の手引き－ pp.66-75
- 文部科学省(文部科学省告示第162号) 平成30年(2018) 学校給食実施基準 第4条(学校給食に供する食物の栄養内容)
- 文部科学省(文部科学省告示第162号) 平成30年(2018) 学校給食実施基準 別表(第4条関係)児童又は生徒一人一回当たりの学校給食摂取基準

第3章

栄養教諭編

栄養教諭が配置されていない近隣校で、栄養指導をすることになった

ケース

　あなたは小学校で栄養教諭をしています。その市では、市内の全小学校に栄養教諭が配置されておらず、あなたは近隣の2～3校の栄養指導を担当することになっていました。ある年、栄養教諭の配置のないⅠ小学校の校長先生から、「1年生から6年生の全学級に、1時間ずつ栄養指導をしてもらえませんか。」との依頼がありました。自分が勤務している学校ならば、学校や子どもたちの課題もわかり、今必要とされている指導の計画が立てられます。しかし、Ⅰ小学校の様子はよくわかりませんし、子どもたちの顔も知りません。

解説

　栄養教諭は、学校教育法第28条第8項（職員）に「児童生徒の栄養の指導及び管理をつかさどる」と規定されている。栄養教諭の配置について、文部科学省は栄養教諭制度の概要で「すべての義務教育諸学校において給食を実施しているわけではないことや、地方分権の趣旨等から、栄養教諭の配置は地方公共団体や設置者の判断によることとされている」としながらも、平成21年には「栄養教諭の配置促進について」という依頼を各都道府県教育委員会教育長宛に出している。この依頼には、「全国すべての地域の学校において、学校教育活動全体を通じた食に関する指導を一層充実していくため、栄養教諭の更なる配置拡大が強くもとめられております。このため、各都道府県教育委員会等においては、（中略）栄養教諭の配置及び配置の拡大について、特段の御配慮をいただくようお願いします」と記されている。

このような状況であるため、現状では、栄養教諭が配置されている学校とそうでない学校が存在する。栄養教諭が配置されていない学校には、給食を担当する教員がいるが、栄養指導については近隣の学校から栄養教諭を招聘し、授業をしてもらうことが多い。ケースはこのような場面である。

　まず、当該校の給食担当教員から児童や家庭のようす、学校の課題を聞き、さらに各学年の教員と打ち合わせを行い、授業を設計する。また、栄養指導をする前に事前指導や授業準備が必要な場合、各学級担任に依頼する。しかし、いざ栄養指導となると、面識のない児童に対する授業であり、一方通行の授業になってしまうこともある。栄養教諭の授業設計力、授業力が問われるケースである。

基本認識・対応の原則・関連知識

- 栄養教諭の配置は拡大の方向にあるが、配置されていない学校がある。
- 栄養教諭が配置されていない学校の栄養指導では、近隣の学校から栄養教諭を招聘することが多い。
- 栄養教諭が配置されていない学校で栄養指導を行うときは、事前に児童のようすや学校の課題を聞き、授業を設計する。

引用文献・参考文献

- 学校教育法第 28 条第 8 項（職員）
- 文部科学省　栄養教諭制度の概要
- 文部科学省　平成 21 年（2009）　栄養教諭配置促進について（依頼）

給食調理員から、水道の水が濁っていると連絡があった

ケース

　あなたは小学校で栄養教諭をしています。清掃時間が終わり、子どもの下校が低学年から始まろうとしていた時です。職員室にいるあなたに、調理場の調理員から連絡が入りました。「水道の水が濁り、シンクの底に砂が溜まっている。明日用の食器はすでに洗い終え、洗浄機にかけている。しかし、次のお釜での煮沸消毒が濁った水では不安である。見に来てほしい。」とのことでした。

解説

　学校で使用する水道水については、「学校環境衛生基準」に基準があり、学校給食の使用水もこの基準に従っていなければならない。この基準の検査項目に、色度、濁度があり、ケースのように視認だけで異常を見つけられた場合、基準を満たしていないことが推察される。さらに、「学校給食衛生管理基準」には「使用水について、使用に不適な場合は、給食を中止し速やかに改善措置を講じること。（後略）」とあり、もしこのケースが調理中に発生したのであれば、給食を中止することになる。

　給食後、調理場では食器類を丁寧に洗い、洗浄機にかけ、熱風消毒保管庫で乾燥させ、次の給食日まで保管する。ケースの場合は、これらの作業後、水道水が濁りシンクの底に砂が溜まっているのを発見した。すぐに校長、教頭に連絡し、状況を時間軸に沿って記録し、水の濁りやシンクの砂の写真を撮る。また、校長から市教育委員会へ状況を報告し、原因の調査を依頼する。水道水が濁っていることから、学校の敷地内また学校近隣の水道設備に問題

が生じたことが考えられる。同時に、次の給食日までに復旧する保証がないことから、当分の間、主食をパンに変更し、副食の調理については市の給水車の出動を依頼する。それができない場合は、全児童に弁当を持参させるなどの対策が必要となる。このように、原因の調査と並行して、水道水の濁りが復旧しなかった場合の対応を考えなくてはならない。

このケースでは、水道水の濁りの原因は、学校近隣で行われていた水道管取り替え工事であった。調理場の水道蛇口に砂を取り除くフィルターを設置するとともに、濁りがなくなるまで水道水を放流するなどの措置を講じたが、本格的に復旧したのは数日後であった。

基本認識・対応の原則・関連知識

- 学校で使用する水道水については、「学校環境衛生基準」に基準がある。
- 給食調理中に使用水の不適が発生したのであれば、給食を中止する
- 水道水の濁り発見を校長に報告し、状況を時間軸に沿って記録し、市教育委員会に原因の調査を依頼する。
- 次の給食日までに復旧する保証がないことから、主食をパンに変更、市の給水車の出動を依頼、全児童が弁当持参などの対策が必要となる。

引用文献・参考文献

- 文部科学省（文部科学省告示第 60 号）　平成 30 年 (2018)　学校環境衛生管理基準 pp.5-9
- 文部科学省（文部科学省告示第 64 号）　平成 21 年 (2009)　学校給食衛生管理基準 p.8
- 日本スポーツ振興センター学校安全部　平成 23 年 (2011)　学校給食衛生管理基準の解説－学校給食における食中毒防止の手引－　pp.87-94

ケース No.

132

関係機関 × 混迷

「ドライシステム導入の留意事項について意見を聞かせて欲しい」と連絡があった

ケース

　あなたは小学校で栄養教諭をしています。あなたの勤務する市には、学校給食を実施している24校の小学校があります。それぞれ給食調理場の構造は異なり、児童数などの学校規模も異なります。ある日、県保健センターから各市町村に、給食調理場へのドライシステム導入の依頼がありました。この依頼に基づき、市教育委員会から各学校の栄養教諭に、「ドライシステム導入に当たっての手順や留意事項について意見を聞かせて欲しい。」と連絡がありました。

解説

　ドライシステムとは、「すべての調理機器からの排水を機器等に接続される排水管を通して流す方式」で、床は乾いた状態に保たれる。床を乾いた状態に保つことで、床からの跳ね水による二次汚染を防ぎ、また調理場内の湿度を低く保つことで、細菌の増殖を抑え、食中毒の発生要因を少なくすることができる。「学校給食衛生管理基準」でも、「ドライシステムを導入するよう努めること。また、ドライシステムを導入していない調理場においてもドライ運用を図ること」と導入が推進されている。

　導入の手順、留意事項であるが、まずモデル校を決め、現在の設備のままドライシステムを導入すればどのような課題が生じるかを検討していくことになる。一例をあげる。

①市教育委員会担当者、栄養教諭、調理員などから構成される「ドライシステム導入委員会」（以下、委員会という）を設置する。

②一日の給食場内の作業一つひとつを、時系列に沿って書き出す。

③書き出した作業を、ドライシステムを導入したと仮定して実際に行う。これらをビデオ撮影する。

④委員会でビデオを見ながら、現状の施設設備で対応が可能か否かを検討する。

⑤24校の給食調理場を点検し、改変箇所を確定する。

⑥施設設備の改変を実施する。

⑦委員会では一年程度の期間を決め不具合やさらなる改変が必要な部分を出し合う。

学校でさまざまな実務に従事していると、ドライシステムの導入のような大きな変革に出会うことがある。私たちは従来の方法に慣れているため、新しい方法の導入に消極的になりがちである。しかし、新しい方法にはそれなりの優れた点や今後の展望がある。客観的にかつ冷静にその利点に注目し、変革に対応しなければならない。

基本認識・対応の原則・関連知識

- ドライシステムとは、「すべての調理機器からの排水を機器等に接続される排水管を通して流す方式」である。

- ドライシステムでは、床からの跳ね水による二次汚染を防ぎ、調理場内の湿度を低く保つことで、細菌の増殖を抑え、食中毒の発生要因を少なくすることができる。

- 大きな変革に出会ったとき、客観的にかつ冷静にその利点に注目し、変革に対応しなければならない。

引用文献・参考文献

- 文部科学省（文部科学省告示第64号）　平成21年（2009）　学校給食衛生管理基準 p.1
- 日本スポーツ振興センター学校安全部　平成23年（2011）　学校給食衛生管理基準の解説－学校給食における食中毒防止の手引－　p.15

あとがき

　本書掲載のケースは、すべて実際に幼稚園、小学校、中学校、高等学校で生起したものです。ケース収集とその成形には、多くの熟達者教職員の方々のご協力をいただきました。本来ならば、お名前を掲載し、お礼を申し上げなければならないのですが、ケースの状況や個人が特定される可能性があるため、割愛させていただきました。ケースのご提供をいただきました先生方に、心よりお礼申し上げます。また、本書編集の過程では三学出版の中桐和弥様に多くの助言をいただきました。心より感謝申し上げます。

　本書が、前著「教師力を鍛えるケースメソッド123」（赤井悟・柴本枝美著ミネルヴァ書房）とともに、読者のみなさまの実践知形成に役立つのであれば、著者としてこれ以上の喜びはありません。

赤井　悟

赤井　悟（あかい　さとる）

1955 年生まれ
同志社大学工学部電子工学科卒業　兵庫教育大学大学院学校教育研究科修了
寝屋川市立第十中学校教諭　同第三中学校教諭
寝屋川市教育研修センター指導主事　寝屋川市立田井小学校校長
奈良教育大学特任准教授などを経て現在甲南女子大学国際学部教授

著　書
「高い学力を育む授業研究」（監修・共著）　三学出版　2008年
「教師力を鍛えるケースメソッド123」（共著）　ミネルヴァ書房　2014年
　　ほか

先生の「これ、どうする？！」を深掘りする
──　教諭、養護教諭、栄養教諭のためのケースメソッド 132　──

2021 年 3 月 25 日初版印刷
2021 年 3 月 30 日初版発行

　　著　者　赤井悟
　　発行者　中桐十糸子
　　発行所　三学出版有限会社

〒 520-0835 滋賀県大津市別保 3 丁目 3-57 別保ビル 3 階
TEL 077-536-5403　FAX 077-536-5404
http://sangaku.or.tv

亜細亜印刷（株）印刷・製本